FAZER FILOSOFIA COM O CORPO NA RUA

FAZER FILOSOFIA COM O CORPO NA RUA:
experimentações em pesquisa

renata lima aspis

FAZER FILOSOFIA COM O CORPO NA RUA: experimentações em pesquisa

© 2021 renata lima aspis

Todos os direitos reservados

CAPA
Túlio Oliveira

IMAGEM DA CAPA
José Spaniol, TIUMMMMTICHAMM. Objeto - acrílico. 160x120x7cm.
Foto de Ricardo Iannuzzi. 2018.

REVISÃO
Lourdes Nascimento

DIAGRAMAÇÃO
Lorrany Mota de Almeida

A841f

aspis, renata lima

Fazer filosofia com o corpo na rua: experimentações em pesquisa / renata lima aspis. 2.ed.- Belo Horizonte : Mazza Edições, 2021.

176 p. ; 14cm x 21cm

ISBN: 978-65-5749-024-2

1. Filosofia. 2. Experimentações. 3. Metodologia de pesquisa. I. Título.

CDD 100
CDU: 1

ELABORADO POR ODILIO HILARIO MOREIRA JUNIOR - CRB-8/9949

ÍNDICE PARA CATÁLOGO SISTEMÁTICO:
1. Filosofia 100
2. Filosofia 1

MAZZA EDIÇÕES LTDA.
Rua Bragança, 101 - Bairro Pompeia
30280-410 Belo Horizonte/MG
Telefone: (31) 3481-0591

A partir do instante em que a filosofia não é capaz de viver o que ela diz senão de modo hipócrita, é preciso insolência para dizer o que se vive. Numa cultura em que os idealismos empedernidos fazem da mentira a forma de vida, o processo da verdade depende da existência de pessoas suficientemente agressivas e livres ('descaradas') para dizer a verdade.

(Peter Sloterdijk)

Dedico este trabalho à Ana Godoy, à Marli, da Biblioteca da FaE – UFMG, ao *grupelho*, cheio de gente, com sua alegria e seus corpos lá, presentes. *grupelho*, essa rede, rede elétrica, minha rede de deitar, de botar na cabeça para rezar, rede de pescar, e ao meu professor – da graduação em 1980 ao pós-doutorado em 2018 –, Celso Fernando Favaretto, com admiração e muito carinho, a quem também agradeço. E ao Sr. Juventino dono do bar "Lua Nova", *in memoriam*.

SUMÁRIO

PREFÁCIO 11
Uma estranha filosofia 11

INTRODUÇÃO 17
Isso é pesquisa em filosofia? 20
Introdução ao problema do corpo na filosofia 21
O incidente da bailarina 28
Escrever 29
É sobre o abismo 30
Gil e o intelectualismo 32
Escrita acadêmica 33
Lopesgiado de Mequitosa *ou* O grande monstro
da Metodologia de Pesquisa 34
Deriva, pensamento como deambulação
e cartografia 48

EXTERVENÇÕES 57
Extervenções? O que é isso? 57
Rizoma 63
Exemplário de extervenções 65
A diferença entre o pregador e o louco 74
As extervenções e o aprender 76
Afectos, aprender e signos e ainda o pensamento ... 78
Que legal! 85
As impossibilidades e... tente outra vez 87
A cidade 93
Mudança de tática 94

SLAM 97
   Slam de Filosofia Porrada no Pensamento 97
   O Facebook e as sociedades de controle 99
   No final, dá tudo certo 105
   O cara do querosene 108
   Esse é o tipo de evento 110
   Slam das Manas 111
   TAZ 114
   A chuva e o *slam* no Maletta 116
   Nossa bolha e os bolsominions 122
   A finalíssima 124
   Os poemas delas 128
   Máquinas de expressão 135
   O Wanderley e o cara da jaca 136
   Voltamos ao falar. E o corpo? 139
   Quem pode falar 142

CONCLUSÃO 147
   Como um cão 147

ESCREVER COMO SI MENAS 158

REFERÊNCIAS 169

PREFÁCIO

Uma estranha filosofia

Distante de concepções em circulação nos meios educacionais e nos sistemas de comunicação, que entendem a filosofia como contribuição indispensável para o desenvolvimento do espírito crítico – pretensão de promover uma orientação do pensamento, quase sempre diretiva, vinculada a objetivos que atribuem à filosofia o essencial do processo de formação, seja o aprimoramento intelectual e moral, seja a garantia de uma suposta unidade da experiência individual ou sociocultural –, Renata Lima Aspis faz neste livro uma proposta ousada e inquietante, propondo a filosofia como atitude em que o movimento do pensamento se inscreve como atividade, ou como evento.

Entendendo o pensamento como necessidade de decifração do mundo, nascido da curiosidade que surge da atenção pelo desconhecido, o que aqui aparece como atividade filosófica são ações de produção voluntária do estranhamento – este conceito fundamental para as operações inovadoras da modernidade, particularmente artística, mas também presente em algumas singulares configurações contemporâneas da filosofia. Voluntário ou não, sempre intrigante, é o efeito do estranhamento; estranho é o que aparece como filosofia nas experimentações relatadas neste livro e estranhamento o efeito que se produz nos passantes envolvidos – pois, perturbadores, os eventos induzem à crise das subjetividades, à separação das tiranias da intimidade e da introspecção, à corrosão das identidades que se instituem como sujeito, abrindo o vulto da conjunção entre criação e resistência.

A proposta aproxima-se de uma modalidade das mais interessantes das práticas artísticas contemporâneas, a performance, embora não descure de exigências específicas de uma atividade que se quer filosófica. Entende a filosofia como prática criativa, de elaboração de uma imagem do pensamento que se justifica enquanto acontece, inclusive por uma modalidade de funcionamento que, como na arte, procede por singulares passagens entre sensações e ideias. Mas de que trata esta perseguição pelo sentido de alguma coisa a ponto de tornar-se necessidade imperativa, que força o pensamento, que excita a pulsão de conhecer, de interpretar, de acolher o indeterminado, o insuportável da experiência contemporânea?

De um lado, agenciamento de dispositivos que inscrevem o pensamento por meio de referências e da escuta dos pressupostos e subtendidos investidos nos bastidores dos discursos, agitando o espírito de descoberta, de decifração das ordens próprias dos atos de pensamento na busca de um meio de orientar-se *no* pensamento. De outro, uma atenção a sintomas que nas artes dão notícia do irrepresentável, do pensamento que surge de afetos, dos acasos, das circunstâncias, acenando para o que não pode ser visto ou dito – singularidades que manifestam o que há hoje de inexprimível na atualidade, no saber, na vida.

Ambos os movimentos se interceptam e se compõem neste espaço de encontro de signos que se retomam uns nos outros gerando um campo de ressonâncias – aí, exatamente, onde se elaboram atos de pensamento como resistência –, singular trabalho de emancipação reivindicado por esta estranha filosofia que se propõe como descaminho das certezas; um exercício de desconcertação.

As atividades relatadas nestas experimentações procedem de uma estética situacionista, como a arte ambiental, compondo uma estratégia cultural. Explora nas instâncias dos espaços vivenciais a fulguração de acontecimentos-sintomas, múltiplos e efêmeros, de modo que o sentido decorre da intensificação de gestos que inscrevem a dimensão crítica pretendida. Difere, portanto, de uma exposição crítica de ideias, de discussões e debates; antes provoca uma sobreposição crítica de um espaço comum, culturalmente determinado, visando a explodir as designações habituais por atos expressivos carregados de invocações a pensar o que acontece nesses acontecimentos. Uma estratégia, pois, de deslocamento das expectativas dos participantes, que, ao buscarem nas atividades uma encenação que represente fragmentos da realidade, são abruptamente instados a pensar. Daí a perplexidade com que podem reagir à provocação, sendo levados a formular questões de limite, tais como: mas o que é isto? O que está acontecendo? Isto é arte ou filosofia? Talvez, dependendo da atenção aos processos desencadeados, possam assim aceder ao sentido dos acontecimentos. A percepção do que aí se manifesta é uma espécie de filosofia *como* uma arte.

Na indeterminação do sentido está a possível eficácia das intervenções enquanto atos de pensamento que resistem ao consumo das representações costumeiras; articulação de outra imagem do pensamento que enfatiza dissidências; não a unidade que visa a conjurar a fragmentação da vida cotidiana, mas a vivência do múltiplo e diverso. Uma incorporação do pensamento; isto é, uma filosofia que flerta com as práticas comuns de pensamento, exatamente para disseminar signos que afetam os participantes das situações, que, intrigados e envolvidos por atos que interrompem os seus comportamentos usuais, podem ser sensíveis ao funcionamento das táticas de interpelação.

Aquilo que é próprio da atitude filosófica – o ato de evidenciar a significação do que acontece – aqui aparece como imanência do ato corporal expressivo, configurado em uma poética do instante e do gesto. O corpo aí é protagonista, não simples suporte da expressão, pois estrutura-comportamento que torna sensível o conceito dá corpo ao que se tenta dizer, mesmo fracassando. Assim, este protagonismo do corpo ressalta em determinada situação de intensidades variadas de vivências, experiências, afetos e comportamentos, deslocando o sujeito das suas posições habituais, geralmente determinadas pelas convenções que mantêm uma suposta unidade individual, social e política, em que se reconhecem. Daí o efeito de estranhamento efetuado nestas experimentações.

O deslocamento que se produz no que é comumente entendido por filosofia decorre aí, não do texto, do discurso fixado pela escrita na tentativa de produzir um saber, mas da ênfase no processo de criação de situações em que o pensamento se elabora como evento, onde o que comumente é texto agora é efeito do corpo, dado o caráter semiótico do evento. O corpo não é suporte, ele explora outras capacidades de modo que o que se manifesta é o movimento do pensamento; o jogo do pensar. Visa ao enriquecimento cultural dos que aceitam entrar no jogo, na participação das situações criadas pelos filósofos-propositores. O que está em jogo é o sentido do que é apresentado como matéria, dispositivos sensoriais disparadores do pensamento.

Heréticas, estas experimentações não se preocupam em se defender ante a diversidade de posições quanto às imagens profissionais ou pedagógicas de filosofia. Beneficia-se da disseminação da filosofia, em desenvolvimento desde pelo menos as intempestivas intervenções nietzschianas que se estendem e especificam de lá para cá – aliás, reatando modos atuantes em diversos momentos da filosofia ocidental. Ao focar os conceitos de resistência e criação ou de criação como resistência, estas experimentações ensaiam a filosofia como atitude. Daí, distanciando-se da tradicional busca por essências e fundamentos, por precisão e rigor discursivos, elas se situam na acentuação de sintomas, éticos e políticos, liberados no tumulto dos acontecimentos da atualidade. Seu compromisso é com a tentativa intempestiva, não de esclarecer o que traduzem tais sintomas, mas de escalavrar a obscuridade do presente, para ressaltar a inatualidade do que se apresenta como a verdade do tempo.

Nada mais distante da imagem de pensamento filosófico, referido à figuração da imagem do filósofo, sempre sentado, que esta modalidade de pensamento que medra no movimento, na deambulação – metáfora da atitude crítica como deslocamento e produção de derivas. As duas modalidades em que se manifestam os experimentos, *extervenções* e *slams* de filosofia, implicam a experiência de pensamento em que os percursos geram espaços em que se inscrevem signos a serem decifrados – na verdade, uma ambientação de ideias compondo uma específica estratégia de filosofia que supõe a invenção de táticas em que se exploram as potências do instante e do gesto; enfim, uma poética: transformação dos processos de pensamento em sensações de vida.

Então, se na filosofia como escrita, que procura conhecer o que não se conhece estabelecendo enquanto acontece as regras que lhe dão consistência de saber, nas andanças e provocações, o sentido não se escreve mas se inscreve produzindo disparos do pensamento. É claro que, como em todo ato performático, a eficácia das intervenções depende da situação, da oportunidade do que é selecionado como matéria e do regime da enunciação, isto é, dos procedimentos, o que supõe alguma preparação prévia, pondo em destaque a figura do propositor, no caso o *grupelho* que Renata inventou. Aquilo que é próprio desta modalidade de arte contemporânea acaba sendo também característica dessa modalidade de pensamento: uma estética e uma ética que resistem à voragem da comunicação. Assim, pode-se arriscar dizer que a eficácia crítica e de resistência dessas intervenções é não informar ou ensinar, mas *mudar o valor das coisas*. Este é o aspecto combativo patente neste corajoso experimento de Renata e seu *Grupo de Estudos e Ações em Filosofia*.

Celso F. Favaretto

INTRODUÇÃO

Os incômodos, tornados questionamentos, que geraram essa pesquisa, são muitos: pensamento filosófico, crítico e criativo, diz respeito exclusivamente a uma ação abstrata? Onde fica o corpo, quando se filosofa? Quais as implicações da filosofia na ação concreta do dia a dia? Está tudo bem que as pessoas defendam ideias que não praticam? Quando se fala em pesquisa, os caminhos a serem percorridos devem estar determinados de antemão, para garantir rigor? E se durante a investigação acontecimentos inesperados indicarem mudanças de foco, de caminho, de interesse, o que fazer? Na construção de conhecimento, para tecer críticas e teorias, quem está legitimado a falar e quem deve se calar? Quais são as relações de poder que validam ou impedem que determinadas dimensões da sociedade possam ser ouvidas?

Todas essas perguntas parecem não ter coerência lógica entre si, mas elas estão conectadas neste livro, pois se referem aos problemas que serão tratados aqui.

Em 2018, eu me licenciei do meu trabalho de professora de filosofia na Faculdade de Educação da UFMG, para fazer um estágio de pós-doutorado, na USP, também na Faculdade de Educação de lá. A pesquisa foi: *"Fazer filosofia com o corpo na rua: experimentações em resistência"*. Essa pesquisa só foi possível porque o *grupelho* – Grupo de Estudos e Ações em Filosofia e Educação/FaE/UFMG – a apoiou integralmente. Não fosse isso, eu, sozinha, não teria podido fazer as experimentações do modo como foram feitas, nas ruas de Belo Horizonte.

Quando o período de um ano da pesquisa terminou, eu tinha muito mais problemas do que quando comecei. Os dois problemas geradores da pesquisa permaneciam e a eles se acrescentaram mais dois. O presente livro não trata apenas de ser um relato dos percursos feitos pela pesquisa já realizada, mas de insistir nos problemas que levaram a ela, insistir em colocar o pensamento para tratar disso, assim como buscar equacioná-los com os outros dois que surgiram.

Os problemas iniciais que impulsionaram meu pensamento à investigação, e que ainda permanecem, dizem respeito, em primeiro lugar, ao incômodo produzido pela ausência do corpo na filosofia, e que leva a buscar formas de implicar os corpos nas produções filosóficas, ou, mais ainda, como se verificou depois se tratar, no pensamento. Ou seja, há bastante tempo me sinto muito mal com a condição "sentada" que a filosofia vem se impondo há séculos. No gabinete, na cadeira, sempre na cadeira, sentada, e *sentado não tem sentido*, como diz Paulo Leminski.

O segundo problema, que impulsionou os corpos para fora da cadeira, rumo à pesquisa, concerne ao terrível mal-estar causado pela discrepância quase intransponível entre o pensamento e a ação, que é vivida como norma em nossa civilização, atualmente.

O cerne da nossa busca foi a convicção de que era preciso tentar alguma coisa em relação a esses dois problemas, que, nos pareceu, estão relacionados com a ética.

A ética é entendida aqui como um modo no pensamento que busca produzir avaliações que impulsionem ações e acompanhem decisões. É um pensamento que trata da ação no mundo, a ação em relação aos outros, pensamento reflexivo, analítico, relacional, radical, crítico e criativo. Trata-se da verificação de si mesmo em relação aos outros, na busca de saber o que é o certo e o que é o justo nas ações de um em relação a si mesmo e aos outros, em relação àquilo que chamamos de mundo.

Na tradição grega antiga, não havia cisão entre as filosofias e suas práticas. As filosofias que eram criadas e expressadas, ensinadas e defendidas eram indiscerníveis de ações correspondentes a elas. Por exemplo, a busca da ataraxia – a imperturbabilidade da alma –, como ideal da vida, por parte dos epicuristas, não era um discurso conceitual descolado da prática da vida de quem o assumia como verdade para si, ele era praticado, a busca se fazia com o corpo também. Este é só um exemplo, há muitos outros, trataremos disso mais adiante, no final desta publicação. Naquela perspectiva, falar e fazer não se distinguiam, sendo duas dimensões de uma mesma coisa. No entanto, a harmonia e conjunção entre o que se pensa e se fala, prega, expressa, ensina, escreve e aquilo que se faz, efetivamente, como modo de vida, se perdeu. Essa conexão se perdeu. Caberia uma outra pesquisa inteira só para acompanhar os processos pelos quais essa civilização passou e que foram levando à desagregação absoluta entre falar e fazer, pensamento e ação, teoria e prática, no campo da ética, no que diz respeito aos modos de vida. Não podemos fazer isso aqui. Fiquemos muito simplesmente com a ideia de que hoje, no mundo ocidental, a disjunção entre os discursos e as práticas tornou-se norma, não causando estranheza. Mas não para nós. O estarrecimento ingênuo diante dessa que, para nós, é sentida como hipocrisia, fere. Alguma coisa deve ser feita, essa necessidade se impõe. Assim, além das minhas decisões na vida particular, algo também na minha vida acadêmica eu planejei fazer em relação a esse problema do descompasso e, mais que isso, da possível ausência completa de correspondência entre o pensar e o agir, e é justamente isso que está ensaiado aqui.

Lancei-me ao problema de encontrar formas de fazer filosofia com o corpo, na rua, diante da cidade. Uma filosofia com os outros, por meio dos outros, diante dos outros, e que pretende atravessar os outros, afetá-los. Nos agarramos ao grande desafio de inventar ações para serem realizadas na rua, e que pudessem movimentar o pensamento dos passantes. Ações tais – gestos filosóficos –, que conseguissem alçar os transeuntes do torpor do cotidiano acelerado, da vida apressada na qual não se tem condições de pensar sobre si mesmo, e que proporcionassem fagulhas de pensar, signos que incitassem à decifração: dar o que pensar. Essas ações, que chamamos de *extervenções*, não podem ser entendidas na categoria *performance*, porque não são, na sua origem, movimentos estéticos, mas movimentos éticos, e, portanto, filosóficos.

Como disse, no percurso da pesquisa, outros dois problemas foram se impondo, de forma impossível de ser ignorada. Um deles diz respeito à questão de quem pode falar. Se um microfone é instalado no meio de uma praça, num canto de uma rua, quem deseja falar e o que tem para dizer, e quem está disposto a ouvir? Trata-se do problema de quem é autorizado a falar, trata-se de adentrar o território dos discursos hegemônicos e os processos de calar as minorias. E nos dedicamos a pensar como ele se configura dentro da academia. O quarto e insuspeitado novo problema que a pesquisa trouxe, paulatinamente enquanto ia se desenrolando, foi o da metodologia. Não pensei que me apaixonaria tanto por pensar sobre os modos de se pesquisar, mas isso ocorreu porque se parto da premissa de que pesquisa é vida, então ela terá que ser da vida de quem se dedica a ela, logo, deve haver (devem ser inventados) diferentes e renovados modos de pesquisar e de escrever, dependendo de quem enuncia, que nunca é individual.

Escrevi este livro para todos os estudantes e jovens pesquisadores que, a despeito de não terem estudado filosofia formalmente, são atraídos por seu modo de pensar e se arriscam a usá-la em seus trabalhos. Esforcei-me em escrever de forma não fechada, pois acredito, com Deleuze, que a *filosofia está numa relação essencial e positiva com a não filosofia: ela se dirige diretamente aos não filósofos*. Quando se fala de forma hermética, para poucos, para os filósofos, forma-se uma densidade sufocante, que inutiliza toda a filosofia.

Isso é pesquisa em filosofia?

Quando a pesquisa *Fazer filosofia com o corpo na rua: experimentações em resistência* era apenas um projeto, eu o apresentei em um encontro do GT Deleuze, da Anpof. Quando terminei a minha fala, um colega, bem do meio da plateia me perguntou de forma muito direta, à queima roupa: *Por que isso é filosofia?* Eu não pensei, não tinha pensado nisso e não tinha tempo para pensar, respondi: *porque insistimos que seja, insistimos que filosofia seja justamente isso.* Não achei uma boa resposta e aquilo ficou na minha cabeça.

Quando contei esse episódio a um outro colega, na Unicamp, ele, muito rapidamente, disse: *e por que não é?* Achei a resposta dele bem melhor do que a minha.

Novamente quando contei esse episódio, depois de apresentar alguns resultados parciais da pesquisa em Campina Grande, mais uma vez um colega muito rapidamente me disse: *e o que é a filosofia?* Claro, achei isso genial!

Porque, sim, nós sabemos que não sabemos o que é a filosofia. Quando Deleuze e Guattari escrevem *O que é a filosofia?* começam dizendo que agora que estão velhos, que já passaram tantas décadas fazendo filosofia, podem, talvez, se arriscar a tentar investigar o que é isso que já tanto fizeram. Todos os que se dedicam a ela têm dificuldade em saber o que ela é e sabemos que há muita controvérsia sobre isso.

O colega que me provocou com sua pergunta teria sido chamado a pensar sua ideia sobre o que é filosofia se eu tivesse dado qualquer uma das duas respostas que me foram sugeridas posteriormente, mas não dei.

Introdução ao problema do corpo na filosofia
Heterologias e resistência ou pensar de outra voa e combater a imbecilidade

Como mexer o corpo de modo a enxamear signos que possam disparar o pensamento? Como mover o pensamento por meio do corpo? Essa é a filosofia que se busca, feita no corpo. Uma nova disciplina no pensamento que surja e se constitua no corpo. É a

Fazer filosofia com o corpo na rua ○ 21

filosofia incorporada. Há uma ideia primeira, junto com o filósofo francês Gilles Deleuze, de que pensamento não é tudo o que se passa na cabeça, não é senso comum, zum-zum-zum interno, opiniões, notícias, jargões, propagandas; nada disso é pensamento. O pensamento é uma forma de criação, a partir de problemas. A filosofia é um modo de pensamento, assim como a arte e a ciência.

Assim, dizemos que essa filosofia que buscamos provocar nos parece que tem muito sentido se for feita na rua, porque se dá diante dos outros, é um pensamento-ação, é uma determinada forma de ocupar o espaço, tornando-o território político. Este livro e as experimentações que o geraram poderiam também se chamar: "Heterologias e resistência ou pensar de outra voa e combater a imbecilidade". Explico.

Heterologias. Em seu curso sobre território, segurança e população, Foucault faz uma colocação muito interessante a respeito do uso da palavra dissidência para expressar uma forma de resistência ao tipo de poder que tem como ação conduzir, conduzir a vida cotidiana, conduzir as ações e os modos de pensar, conduzir o modo como as pessoas conduzem as suas vidas: conduzir condutas. Trata-se da determinação do campo de ação do sujeito, antes que este possa decidir. Sendo assim, governar é *estruturar o eventual campo de ação dos outros*. Não se trata de proibição explícita, mas de modulação, já que determina e controla as possibilidades de ação.

Ele diz que, no início dos anos 1970, na URSS e nos países do bloco soviético, a palavra "dissidência" se impôs para designar o movimento intelectual de oposição ao sistema comunista. Essa palavra, em russo, *inakomysliachtchie*, quer dizer literalmente "os que pensam de outra maneira". Não se trata, portanto, de pensar outras coisas, outros conteúdos da mesma forma, e sim de pensar de outras maneiras. É uma questão da forma de pensar, aquilo que Deleuze vai chamar de *imagem do pensamento*, ou seja, uma forma prévia que por si mesma condiciona todo o conteúdo possível, uma vez que a coisa pensável se encaixa ou não na fôrma única. E, se não se encaixa, não é possível, dado que essa imagem do pensamento o recobriria como um todo.

Em seus estudos, Foucault nos aponta que, aos poucos, os conteúdos do pensamento não precisam mais ser censurados e banidos como não verdades, pois a imposição de uma forma única do pensamento se incumbe de excluir tudo aquilo que não cabe nela. Com a criação das universidades, por exemplo, o enaltecimento e imposição do que é considerado científico e, portanto, verdadeiro ou não, se dá antes na forma. Ele afirma já não ser mais necessária uma ortodoxia (*orthos* – reto, *doxa* – opinião, conteúdo do pensamento), já que ganha lugar uma ortologia (*orthos* – reto, *logos*, discurso organizado, pensamento). É nesse sentido que arriscamos aqui esta palavra: heterologias (*hetero* – diferente, *logos*, discurso organizado, pensamento). Trata-se, portanto, de tentar criar formas de escapar do modo único de pensar. Seria um pensamento sem imagem ou heterologia, o pensar que varia, que se movimenta por conexões imprevistas, que está sempre se diferenciando de si mesmo e por isso é criação; um pensamento assim é multiplicidade. Não se trata de combater os conteúdos do pensamento, assim como não se trata de afirmar que o pensamento é múltiplo. Pois o múltiplo é plural do uno. Não importa quantas vezes se afirme ou se reproduza o uno, haverá sempre identidade, e assim se tratará de pensar coisas diferentes da mesma forma. Quando se trata de multiplicidade, se trata de tudo e qualquer coisa, exceto do uno, porque se trata de diferenciar-se de si mesmo no pensamento. Pensar de outras formas, e não reproduzir o idêntico; multiplicidade é n-1 – o leitora encontrará mais sobre este assunto na parte aqui intitulada "Rizoma".

Trata-se, para nós, em nossas experimentações, portanto, de estarmos atentos para a multiplicidade, para a infinidade de possibilidades de conexão que o pensamento pode fazer. Bem, se assim for, conjecturamos, o pensamento não se restringe ao funcionamento da razão, submetido às regras da lógica clássica, haveria muito mais possibilidades de pensamento se este fosse operado pela *diferença* e não pela identidade, pela *repetição* e não pela reprodução, afirmando-se, desse modo, como potência de criação. *Uma tribo no deserto, em vez de um sujeito universal sob o horizonte do Ser englobante* [...] *Todo o pensamento é um devir, um duplo devir, em vez de ser o atributo de um Sujeito e a representação de um Todo* (Deleuze e Guattari).

A partir disso, podemos considerar que a cada nova experiência de pensar de outras maneiras estão implicadas novas maneiras de sentir e de perceber, pois o pensamento, não estando restrito a uma forma prévia, poderia, por exemplo, escorrer para o corpo: as mãos dos ceramistas pensam, as pernas dos jogadores de futebol pensam, as crianças, os xamãs, os loucos, novas e renovadas formas de conexões também sensíveis, a partir das experiências, compondo "avaliações" e "realidades" alheias às categorias previamente estabelecidas como parte de uma suposta estrutura do pensamento, que acaba sendo único, sempre o mesmo idêntico a si mesmo: forma-Estado de pensar. Esse escape, por meio da invenção prática de outras formas de pensar – formas de pensamento incorporado –, pode ser considerado movimento de criação de epistemologias do sul, do sul do corpo, abaixo da cabeça.

Pensar de outras maneiras não está separado, cremos, de sentir de outras maneiras e de perceber de outras maneiras, o que levaria à composição de novas formas de subjetividade e de conhecimentos que se desdobrariam em outras formas de agir no mundo e na criação de novos mundos. É nesse movimento que acreditamos quando afirmamos que pensar de outras maneiras é um ato ético: o pensamento não é entendido como algo restrito à razão individual modelo-Estado, mas está inexoravelmente conectado com a ação no mundo. Sendo assim, quando se fala aqui em epistemologias, não estamos no referindo à "produção de conhecimento", tomando os "saberes" como objetos à parte dos modos de vida. Epistemologias são modos de conhecer e por isso são modos de estar no mundo, pensar, sentir, perceber, modos de criar mundos. Modos estes que são sempre políticos, são sempre coletivos, pois é ação diante dos outros, é modo de agir.

Em nossas experimentações, que vamos narrar a seguir, o que se buscou foi experimentar modos de escapar à cisão entre teoria e prática, criação e execução, trabalho intelectual e trabalho braçal, forma e conteúdo. Uma outra forma de pensar que já é ela mesma uma outra forma de agir, pois essa nova forma não distingue as duas coisas e, portanto, não é apenas uma "forma". Por isso se diz que se trata de toda uma ética, repetimos, pois tem a ver necessariamente com o modo como se age no mundo. Queremos acreditar que pensar de outros modos seja necessariamente agir de outros modos. Queremos nos afastar das filosofias de gabinete, para poucos, encerradas em seus universos, suas línguas, seus interlocutores, funcionando numa lógica antigravitacional, pois, quanto mais pesadas, mais se elevam, quanto mais pesadas, menos pessoas as carregam.

Pensar de outra voa. Uma das coisas que o *grupelho* planejou fazer foi uma carimbada, uma saraivada de carimbos, sair à deriva pela cidade carimbando o que fosse possível. Essa foi uma das ações que não deram certo. Mas, como todo "não dar certo" tem um errado muito profícuo, o desse plano foi, para mim, a frase: pensar de outra voa. Nós tínhamos combinado que cada um inventaria uma frase, uma palavra, para mandar fazer um carimbo. Na época, éramos uns quinze, e isso faria com que tivéssemos bastante material. Cada um pensou o que queria escrever e combinamos de irmos juntos a uma oficina de carimbos no centro da cidade e mandar fazer o tipo mais barato, de madeira, à moda antiga. Eu não tinha conseguido pensar no que gostaria de gravar no meu carimbo. Nós já estávamos caminhando pelas ruas, rumo à oficina, e eu ainda não sabia. Quando chegamos lá, pensei: pensar de outra forma. E decidi que seria isso. No entanto, no exato instante em que eu estava escrevendo em um papel todas as frases e palavras do grupo, para que o rapaz fizesse a arte, sem pensar nem por um segundo nisso, eu escrevi: pensar de outra

Fazer filosofia com o corpo na rua ○ 25

voa. Logo que alguém viu aquilo, perguntou, intrigado: "pensar de outra voa???" E aí eu respondi: "pensar de outra voa". "Mas não está faltando uma vírgula? – Não, pense de outra voa! – Não seria: pensar de outra... voar?" "Ora", respondi, "você não está pensando de outra voa!" E assim, muitas vezes fui interpelada sobre essa estranha frase, ouvindo sugestões de correções para melhorar seu sentido, e eu, invariavelmente, respondia que a pessoa estava me dizendo aquilo porque não estava pensando de outra voa. De lá para cá, já repeti essa frase tantas vezes para mim mesma, que não sinto mais o menor estranhamento com ela.

Pensar outras coisas da mesma maneira não nos parece tão difícil, nos esforçamos por fazer isso o todo tempo, quando nos pomos nas tarefas intelectuais, e conseguimos. Muito difícil, no entanto, nos parece, é abandonar a lógica binária, a identidade, as inferências, os universais, criar outras coisas, que não serão princípios e categorias, pois uma lógica que busca afirmar o pensamento como potência de criação, operando pela diferença e não pela identidade, pela repetição e não pela reprodução, é movente e imprevisível, e produz redes de criação e de resistência, e não estruturas. O leitora encontrará mais adiante a repetição dos conceitos aqui usados, na intenção de ir esmiuçando-os e adequando-os à narrativa, acompanhando os acontecimentos de nossas experimentações. Quero dizer, se alguma coisa aqui e ali parecer muito bruta e sem lapidação, acolá, ao aparecer novamente, poderá, na junção, contribuir para a criação de um sentido.

Se assumimos que o pensamento, no caso da filosofia, é sempre criação de conceitos, admitimos que essas criações são resistência. É o que Deleuze afirma: *Se não houvesse filosofia, não questionaríamos o nível da besteira. A filosofia impede que a besteira seja tão grande.* Inspirado em Nietzsche: uma filosofia que não prejudica a besteira, não é filosofia.

São as criações do pensamento, da arte, da filosofia e da ciência, modos de *se tornar aquilo que se é*, como nos desafia

Nietzsche, ser humana, propriamente, poder criar algo para além da opinião geral mediana, além das cópias gastas de tanto serem reproduzidas, das coisas equivocadas, irrelevantes, desinteressantes, a ignorância de si do pensamento. Trata-se de existir propriamente como ser humana, aquele que pode criar e recriar sua existência, seus valores, e permanecer vivo nesse movimento e, a cada captura da vida, re-existir. Buscar saber e se tornar aquilo que um ser humana pode ser, para além de um animal de rebanho. Buscar ser aquele que pode criar pensamento, criar cultura, criar a si mesmo, criar seus próprios valores, pensar por si mesmo, e criar seus mundos.

A arte é o que resiste: ela resiste à morte, à servidão, à infâmia, à vergonha (Deleuze). O que é que, por meio dela, resiste? A vida. Essa resistência produz a possibilidade de existir como ser humana, como vetor de criação de sentido. Insistir em existir como criador de modos de vida renovados pelo pensamento que não cessa de buscar sentido, conectando as experiências. A cada captura das possibilidades do ato de criação, fazer um movimento de re-existir, existir novamente como criadora de si mesmo e dos mundos possíveis. *Criar é resistir efetivamente. O mundo não seria o que é sem a arte. As pessoas não agüentariam. Elas não estudaram filosofia, mas a simples existência da filosofia as impede de ser tão estúpidas e imbecis quanto seriam se ela não existisse* (Deleuze).

A resistência que praticamos não é entendida no modo da física, de promover força contrária, como, por exemplo, em um desses jogos infantis, em alguns lugares chamado de cabo de guerra, no qual uma pessoa ou um grupo de pessoas segura em um extremo de um pedaço de corda e outros do lado oposto, puxando cada um para o seu lado, com força, para deslocar o adversário, trazer para si, derrubá-lo no chão. Resistir como re-existir não é movimento de puxar ou empurrar para se esforçar em não sair do lugar, ao contrário, é movimento de criação de outros lugares. É desvio. Não é oposição termo a termo, de maneira que, se o termo que está afirmando (oprimindo, conduzindo, violentando etc.) parar, o movimento de resistência perde seu sentido, porque só existia por negação. O movimento de re-existência, antes de tudo, é afirmação. É movimento de criação de outros modos de vida, de abertura de uma picada: novos caminhos imprevistos, de afirmação de outras formas de ser humana, de pensar de outra voa. Seria criar um outro lugar, outro mundo, que não existia, imprevisível, porém possível – torna-se possível assim que é inventado – e feito de modo efetivo no discurso e na ação ao mesmo tempo, no concreto e no simbólico.

A nossa resistência não é só não morrer, o que já é muito, mas é – a cada nova captura – inventar modos de afirmar a vida viva, naquilo que ela pode ser, inventar esses possíveis, na ação.

Bem, é nesse sentido que pensamos nossas experimentações em resistência, como dissidência e criação de novos modos de vida e combate à imbecilidade.

O incidente da bailarina

Em 2004, eu estava em um evento internacional de filosofia da educação, no Rio de Janeiro.

Como quase sempre, havia três ou quatro pessoas para apresentar seus trabalhos, quinze minutos para cada um, e uma plateia de meia dúzia de gatos pingados.

Eu era a última. Quando terminei minha fala e a mediadora abriu a palavra para todos, uma moça furiosa começou a falar mil coisas das quais não me lembro, mas, se fosse um filme, poderia ser uma música rasgada de Philip Glass, bem alta, enquanto na imagem, sem o som das falas, ela gesticula, indignada e acusatória, em câmera lenta, que acentua o tom de fúria do discurso inaudível, até que a última frase, antes de sair, arrebatada da sala, nos chega com volume: "E o corpo? Vocês ficam aí sentados falando coisas 'maravilhosas' ... E o corpo!?" A mulher mais velha que a acompanha acrescenta, em tom constrangido: "Ela é bailarina, gente, desculpa". E saiu atrás dela.

Me lembro claramente que na hora fiquei achando aquilo sem propósito e meio ridículo. Pensei: mas isso é filosofia! Isso é filosofia! Por que essa bailarina veio aqui e se indignou? Me pareceu tudo tolo. Mas eu nunca me esqueci.

Aquela bailarina, enlouquecida com nossos corpos inexistentes, foi a primeira gota d'água dentro do olho, como navalha. Sempre há de ter essa primeira, depois virão outras, até a coisa toda transbordar.

Escrever

Eu tenho um monstro dentro de mim que não sabe ler nem escrever.

Ele só sente, intensamente, e se revolve.

Daí saio para a rua, em busca de ideias que são linguagens, línguas, palavras para que possa me apropriar delas e dar expressão às sensações, sentimentos, fúrias e amores desse monstro, indecifrados. Saio para me encontrar com todos e qualquer um, mas também saio em buscas específicas: um determinado professora, uma determinado aluno, amiga, lugar, espaço; em busca desses códigos que possam dar voz, *logos*, a esse monstro, e quando isso acontece é um alívio, é como uma inflamação quente e dolorosa quando estoura e sai o líquido ruim, deixando uma ferida, mas já sem pressão, com frescor de cicatrização. Até que isso começa a se encher de novo até quase estourar, e lá vou eu, saindo a esmo, sem paciência, buscando, entre noites mal dormidas e azias, buscando as palavras e os neurotransmissores, as sinapses, as pontes, as conexões, os agenciamentos que vão tornar possível um sistema, sem órgãos, rizoma, sem centro, possibilidade de fluxos, escoando as forças e intensidades que estavam oprimidas, sem poderem se mover, e que agora jorram e inundam cada veio, se ramificam, entranham; e ufa, que alívio.

É sobre o abismo

Heterologias e resistência ou pensar de outra voa e combater a imbecilidade é sobre o abismo, tudo isso é sobre o abismo. Não vamos mentir, mais uma vez não vamos mentir. Toda essa busca da filosofia encarnada, incorporada é, ainda e sempre, a busca de gerar um movimento de qualquer porte, não importa a dimensão, mas que use a lógica mágica da reverberação. É útil lembrar sempre da jogada de Go, na qual um peão sozinho pode derrubar todo o exército inimigo. Não é utopia no sentido de inalcançável, não é ingenuidade, não é leviandade, é ação. Trata-se de mover-se e deslocar ar, agitar-se para fazer se mover outras coisas, o pensamento alheio. Nunca se pode prever, em uma ação, o quanto se pode afetar o outro e como, quantas últimas gotas d'água ou primeiras, é imprevisível e inescrutável o tanto que se pode afetar. Tem-se de ir lá e fazer, só. E isso já é muito. Trata-se de, mesmo que milimetricamente, gerar um terremoto, para aproximar as placas tectônicas do pensamento ocidental, este que ressoa nos corpos, pois juntos, pensamento e corpo, reproduzem as distinções exclusivas entre pensar e agir, mente e corpo, teoria e prática, entre ética e ação moral, distinções estas que se tornaram sua lei, sua crença, seu amor, seu tudo, e que são exatamente o solo do nascimento de todo sofrimento da vida.

Abismo entre pensar e agir, mente e corpo, teoria e prática, ética e moral, aquilo que para Nietzsche é, no homem moderno, a invenção de uma profundidade, uma sua interioridade, na qual se deposita uma suposta erudição que ele chama de acúmulo de história, ou seja, é apenas conhecimento acumulado, porém sem qualquer correspondência com alguma ação efetiva desse homem erudito no mundo. A crítica de Nietzsche é que essa bagagem chamada de cultura não se concretiza como ação de cultura, ou seja, de criação de modos de vida, criação de valores originais. O terrível é que essa suposta cultura, para o homem moderno – tão orgulhoso dela –, é o suficiente, sendo por isso chamado por ele de *enciclopédia ambulante*, já que nada do que pensa se efetiva. O fato de nada dessa enorme quantidade de conhecimento e ideias guardadas no interior do homem se tornar ação, ou mesmo que essa bagagem não seja ela mesma ação, concomitantemente, não parece ser um problema para esse homem. Basta que alguém seja um "profundo" conhecedor de algo, basta que se ame "profundamente", e ninguém se preocupa que esse tanto que há guardado nessa interioridade se efetive em ação, que exista na imanência da vida, que seja vivo. O fato de alguém defender verbalmente uma coisa não a obriga a agir da mesma forma. Hoje, já está naturalizado o abismo entre falar e fazer, temos até um ditado popular para isso: *Faça o que eu falo, mas não faça o que eu faço*, e as pessoas até se divertem com essa "lei da natureza humana", lamentam um pouco, mas, o que fazer, não é mesmo? Como se realmente não houvesse nada que se pudesse fazer a respeito. Perdemos a vergonha de não praticar aquilo que afirmamos serem nossas crenças, as ideias, os desejos. O socialista que explora seu empregado. O anarquista que é funcionário do Estado. O homossexual que é machista. A mulher que é machista. O nutricionista que come no Mac Donald's. O professor de educação física sedentário. O ecologista que anda de carro todos os dias. Os defensores do meio ambiente que comem carne todos os dias. Usam embalagens e sacolas plásticas indiscriminadamente. Tomam banhos de mais de 10 minutos. Ensinam história e votam na extrema direita. Elegem-se em cargos políticos e usurpam dinheiro e poder popular. Amam as crianças e não têm tempo para elas. Etc.

  O abismo que faz separação entre o abstrato e o concreto, a forma e o conteúdo, a suposta essência e a aparência, instaura uma vida de passado ou de futuro, uma vez que ou se trata de algo dado ou a ser efetivado, nunca é o presente. Pois o presente é justamente a ação, aquilo que está sendo efetuado aqui e agora, é a extinção do abismo, é a junção, no espaço e no tempo, de todos esses contrários não-contraditórios. Esse movimento de incorporação e concomitância é vida, é acontecimento.

Fazer filosofia na rua, fazer filosofia com o corpo, chacoalhar o corpo para sair uma ideia, porrada no pensamento, tudo isso é tentativa de transpor esse abismo, criar ponte, juntar, preencher.

Gil e o intelectualismo

> Um dia eu ainda vou me redimir por inteiro do pecado do intelectualismo
> Se deus quiser
> Não vou ter mais necessidade de falar nada
> De ficar pensando em termos dos contrários de tudo, para tentar explicar às pessoas
> Que eu não sou perfeito, mas que o mundo também não é
> Que eu não tô querendo ser o dono da verdade
> Que eu não tô querendo fazer sozinho uma obra que é de todos nós e de mais alguém, que é o tempo, o verdadeiro grande alquimista, aquele que realmente transforma tudo
> Um pequenino grão de areia, é o que eu sou.
> (Gilberto Gil. Ao vivo na escola Politécnica da USP, 1973)

Um dia, eu também, se deus quiser, vou me libertar de todo intelectualismo e vou conseguir, mesmo não parando de falar, ensinar aos meus alunos que produção acadêmica é questão de vida. Ou é questão de vida ou não deve ser. Se sua pesquisa não é uma questão visceral, vá fazer outra coisa. É o que Deleuze disse sobre Foucault: *O pensamento jamais foi questão de teoria. Eram problemas de vida. Era a própria vida.* Produção acadêmica não é para qualquer um que queira um título para ter um trabalho reconhecido. Pesquisa acadêmica é para aqueles que não podem fazer outra coisa da vida. Dar aulas, ter orientandos, coordenar grupo de pesquisa é uma questão de vida ou morte. E assim deve ser. Um trabalho feito como quem trança, com lascas de bambu, uma arapuca para pegar um animal, para não morrer de fome. Trabalho feito com prazer, mas não sem sofrimento, o prazer de quem consegue conquistar um pouco, empurrado pela necessidade, cansado, sabendo que é um pouco como Sísifo, talvez pior, porque a pedra, a cada vez que rola novamente para baixo, depois de ter sido empurrada para cima do morro, aumenta. Será que Sísifo, em algum canto do seu cérebro, a cada vez que empurrava a pedra para cima, tinha esperança de que dessa vez conseguiria mantê-la lá em cima? Isso não existe. Além disso produção acadêmica é feita no dissenso, como movimento de composição de constelação conceitual. É construção de posição política no mundo, é epistemologia, criação de outros mundos. Por isso é vida. Não é reprodução de blablabá formatado, não, isso não pode ser.

Escrita acadêmica

Algo que se possa chamar de "escrita acadêmica" diz respeito ao teor investigativo desse discurso, é um tipo de fala que explicita de onde se está falando, com quem se está falando, quais as concepções e conceitos primeiros com os quais se agencia, e é um tipo de escrita que deixa claras as dificuldades da busca a que se dedica.

Escrita acadêmica não diz respeito à forma; algo que, nesse caso, poderia ser chamado de forma, é relativo ao estilo de cada um. O estilo é algo que se vai criando durante a prática, na vida, por meio de muita insistência. O estilo é a sintaxe, o modo de compor, concatenar as ideias, escolher as palavras e sua ordem. Cada uma precisa ser deixado livre para inventar seu ritmo, conectar seus fragmentos e precisa ser incentivado a descobrir em si seu modo de expressão. Um professora, uma orientador, não poderia jamais oferecer fôrmas, pois isso é *conduzir condutas* (Foucault), ou seja, é governar, que é, de forma prévia, estabelecer uma estrutura para o possível campo de ação dos outros, não é proibição, mas sim controlar as possibilidades, determinar os modos possíveis, modular os fluxos. Um professora não poderia determinar o campo da escrita da estudante antes mesmo de ele começar: selecionar algumas poucas possibilidades e apresentá-las como o universo todo do possível, pois isso é controle e é a morte da criação e da possibilidade do trabalho acadêmico como invenção de mundos e de conhecimento de si.

Escrita acadêmica nada tem a ver com a forma de dizer, não há que se papagaiar citações etc., não é isso que a caracteriza. Uma escrita acadêmica se define pela potência de transformação que traz, pelo atrito de ideias que produz e solta faíscas. Se uma palestra ou um artigo trouxer alegria, se suscitar uma ideia, se plantar pulgas atrás das orelhas, conduzindo do incômodo à ação de buscar, se este texto mover o pensamento de quem o recebe, pronto, sua existência já se torna relevante.

Escrevo para ser lida. Escrevo para afetar. Escrevo para colocar o pensamento em movimento, incitar que busque conexões; o meu, em primeiro lugar.

Lopesgiado de Mequitosa *ou* O grande monstro da Metodologia de Pesquisa

Acho que não estou conseguindo, não consigo. Coleta de dados? Onde é que tem uma plantação de dados? Quando é a época da colheita? Vamos para o campo, meu campo, quando é que esse campo ficou meu? Não me sinto dona dele. Observar, mas observar como, em que tipo de lupa é necessário que se tornem os olhos, que tipo de telescópio, está parecendo um caleidoscópio, fico tonta, vou enjoar, não tem como parar o gira-gira, por favor? O que é que você viu? Não vi nada, estava tudo girando, ruminando nas minhas impressões que eu ia jogando fora porque não achava relevante, sabe, não combinavam com as teorias que eu li, parece que não está dando certo, sabe, não sai como planejei, o tempo está passando e eu não consigo observar aquilo que fui observar, só acontecem outras coisas, coisas irrelevantes, se continuar assim vou perder o prazo, não posso. O que faço agora? Criar categorias de análise? Como se faz isso? O que é que se deve considerar importante, como as pessoas costumam determinar o que é relevante em uma pesquisa, gente? Como as pessoas conseguem fazer isso? Olha, estou muito angustiada, o tempo está passando e parece cada vez mais que o que estou fazendo não tem a menor consistência, como vou defender isso? Peloamordedeus, estou travada, não estou conseguindo escrever nada, escrever o que, se tudo deu errado, sei lá, aconteceram outras coisas, qual caminho tomar? Alguém me arranja um facão aí, uma foice, preciso abrir caminho nesse matagal, nessa escuridão, nessa solidão, isso é muito difícil de fazer com essa bússola de brinquedo e tem um monstro faminto vindo aí atrás, ele sente o cheiro do meu medo, tento correr, mas não saio do lugar, gente, preciso acordar desse pesadelo, não é possível, vou ter um troço.

Qualquer pessoa que já tenha levado a sério a realização de uma pesquisa, em algum momento se sentiu confusa, perdida e sem esperança. Não é fácil. Não é fácil criar as conexões entre a vida e toda a teoria, a vida e a fragmentação da análise acadêmica, o olhar formatado. Todo o esforço de síntese, sem a vida, fica muito penoso, e a dificuldade em criar algum sentido para tudo isso é imensa. Muitas vezes, logra-se em *determinar o objeto* da pesquisa, *delimitar um problema*, selecionar uma *fundamentação teórica* com a qual dialogar e *determinar objetivos*, mas o grande sofrimento está em descobrir ou inventar um modo de fazer a pesquisa acontecer. A tão discutida *metodologia de pesquisa*, que muitas vezes é encarada como um mal necessário, uma etapa burocrática, a rigor é propriamente todo o sistema circulatório desse corpo, responsável por levar oxigênio às células, nutrientes, transportar detritos. Ela é o que conecta todas as dimensões da pesquisa, inclusive conecta esta com o fora, a vida, o imprevisível, os possíveis que estão por ser criados.

Flavio de Souza tem um livro infantil que se chama *Que história é essa? Novas histórias e adivinhações com personagens de contos antigos*, com ilustrações de Pepe Casals, no qual ele reescreve contos clássicos, mas sempre sob o ponto de vista de um personagem improvável. Pinóquio é contado pela baleia, Chapeuzinho Vermelho é contado pelo caçador e assim vai, mas a coisa não é tão simples, já que o título das histórias é formado por palavras absurdas, ilegíveis, porque ele embaralha todas as letras do título original. Além disso, a dificuldade em reconhecer o conto original (e talvez principalmente por isso) está no fato de que, contada por outro personagem, a história fica completamente diferente. Todos os afetos que a atravessam, os problemas, toda sua moral, são outros. Nem é a mesma história, mas é, ao mesmo tempo. Os fatos são, mas todo o resto não. Mas o que são os fatos, afinal? Quem é que acredita em fatos? Fatos para quem?

O narrador de uma história que pudesse se chamar Metodologia de Pesquisa é um pesquisador. Velho de guerra ou muito iniciante, não importa, o pesquisador, como bom cientista, deve ser o mais objetivo possível. Tem à sua disposição alguns modelos e deve ser rigoroso no uso deles, deve aplicar a teoria aos dados, na análise destes, deve obter conclusões sólidas. Já o narradora de uma história que pudesse se chamar Lopesgiado de Mequitosa é a vida, o imprevisível, as infinitas possíveis conexões a serem inventadas. Aquela mesma história contada desse ponto de vista não é tão tediosa e é cheia de pequenos horrores, embora muito excitante. A narradora faz de seu personagem principal, o pesquisador, um errante, atormentado pelos acontecimentos que escapam ao planejado, que fogem da teoria, que embaralham a visão, para colocar em foco o inesperado, o incompreensível, que exige decifração. Isso tira seu sono e, confuso e inseguro, ao não conseguir conciliar a vida com o pequeno universo da academia, o pesquisador sofre. Essas duas histórias – uma vivida e contada pelo pesquisador e a outra narrada pela vida – são, de fato, uma só. Mas, podemos perguntar: o que chamamos *fato* existe em si mesmo ou ele é já fruto da interpretação de um determinado olhar? Se assim for, as duas histórias não são, absolutamente, a mesma, pois cada olhar-sentir-pensar cria distintos "fatos". E lá se vai mais um parágrafo que acaba enrolado nessa questão dos "fatos". Voltaremos a isso depois.

Metodologia de Pesquisa é uma coisa que nem sempre me atormentou. Primeiro passei muitos anos sem nem saber que isso existia, pensava que era coisa de gente de outros mundos, que usava um livro clássico que um professor tinha escrito há centenas de anos e que estava na 75ª edição, mais ou menos. Com franqueza, não achava nada grande coisa essa enxurrada de livros instituindo formas e arrastando tanta gente. Eu não entendia aquilo e nem queria entender. Quando decidi fazer mestrado, já estava dando aulas de filosofia no Ensino Médio há muitos anos, e tinha quase quarenta anos de uma vida bem vivida. Tive um choque ao saber que era necessário ter um projeto muito bem escrito dentro das fôrmas acadêmicas ANTES de ingressar no Programa. (Sei que na década dos anos 1980 não tinha nada disso, pois eu já tinha começado e abandonado um mestrado assim que acabei a graduação). Acadêmicas? Academia era um outro mundo dentro do mundo, murado, um pequeno universo autogerido e retroalimentado, com idioma próprio, bem longe da vida, cheio de guardas nas portas, impedindo ou autorizando a entrada. Resolvi arranjar um passaporte para entrar; ora, eu queria estudar, eu tinha tanta coisa da minha experiência na escola que queria compartilhar, misturar, conectar com outras coisas que eu não sabia o que, tinha que entrar. Fui então construir um projeto bem do jeitinho que se tem de fazer: delimitação do problema, justificativa, objetivos, toda aquela monstruosidade. Foi uma violência e, de alguma forma, uma espécie de ejaculação precoce, porque eu queria fazer as coisas devagar: primeiro entrar, conhecer gentes e ideias, depois poderia fazer um projeto e daí poderia tentar fazer acontecer esse projeto. Mas não, tive que ir logo para o projeto, e muito do bem feito, uma espécie de mentira, porque o que eu sabia, afinal, daquela formalidade toda, daquela necessidade de já se ter certezas, por exemplo, sobre o *aporte teórico*? Ora, eu conhecia o que eu conhecia, mas só adentrando o pequeno universo é que eu poderia ampliar isso, saber de outros autores e pensamentos, selecionar o que me interessava. Bem, não é assim que acontece e, mal a gente pensa em entrar, já tem de defender, é isso: são dois anos no total, a fila anda, minha filha, vamos, vamos, próximoooo!

Lopesgiado de Mequitosa: que história é essa? Gente, que história era aquela? Agora sim Metodologia de Pesquisa havia se tornado um monstro para mim. Como se faz isso, como é que eu preencho esse item, como fazer para comportar toda a minha experiência de jovem professora com centenas e centenas de estudantes jovenzinhos, e a filosofia que a gente arriscava, toda essa vida, como caber? Véspera do prazo máximo de entregar o projeto, telefono para um amigo que já estava no mestrado em outra universidade. Atende a esposa, ele não está, viajou e só volta no dia seguinte. Cara, e agora? (Na época a gente não tinha celular, aplicativos para conversar, essas coisas). Não tenho saída, pergunto para ela mesmo, exponho meu problema. Ela é muito gentil, me fala coisas e acaba quase me ditando um parágrafo que eu usei literalmente, aliás não apenas uma vez. Era assim: *Esse é o projeto de uma pesquisa basicamente composta por uma análise bibliográfica interpretativa. Trata-se de uma investigação contextualizada em um campo teórico que, embora não desconsidere a perspectiva prática do tema, se articula com bibliografia de filosofia, e outras que se impuserem necessárias no desenvolvimento do trabalho. Não é previsto trabalho de campo já que se trata de uma metodologia investigativa, reflexiva e conceitual. As análises bibliográficas têm o intuito de estabelecer articulações e conexões com a problemática delimitada.* Ou seja, blá, blá, blá, blméééé, entrei para o rebanho. Nem na entrevista do processo de seleção ou em qualquer outro momento esse brilhante parágrafo salvador foi questionado por alguém. Ele me serviu muitas vezes, inclusive para oferecer para amigos ignorantes e desesperados, e foi reusado por mim no doutorado, sem a menor culpa ou vergonha. A minha relação com o grande monstro Lopesgiado de Mequitosa estava muito estabilizada pelo mágico parágrafo, até que eu, por *n* motivos, quinze anos mais tarde, em outro lugar desse universo, assumi a disciplina Metodologia de Pesquisa, em um Programa de Mestrado Profissional em Educação. Gente, não dá, agora eu vou ter de me haver com isso, vou ter de arranjar uma espada e um escudo, vou ter de vencer esse monstro, vou ter de cortar ele em pedacinhos, separar partes, usar as boas, temperar, assar, saborear, me alimentar disso; não é possível, pensava, não posso ensinar o que não sei, mas, sim, sim, como não, não é Jacotot? Não é bem isso que explora Rancière em *O mestre ignorante*? Numa relação entre mestre e aprendiz há duas inteligências e duas vontades, aquelas de cada um dos componentes dessa equação. As inteligências são iguais e não devem, sob qualquer hipótese, ser consideradas desiguais, sobrepondo-se uma à outra. Ambas têm a mesma capacidade de decifrar os livros, entender as ideias, criar pensamentos. O que é desigual nessa relação são as vontades, sendo que a do mestre deve se sobrepor à do aprendiz, para garantir que este se esforce ao máximo sem covardia ou preguiça. Por esta lógica, então, um mestre pode ensinar aquilo que não sabe, não precisa saber para ensinar, já que ensinar é incentivar o aprender por si mesmo, é controlar e forçar à exaustão o esforço de aprender, coisa esta que o aprendiz faz sozinho, muito bem, obrigado. Então eu estava cheia de convicções de mestre ignorante para assumir essas aulas. Estudei, claro que estudei e muito, pois posso ser uma vaca ou uma rata, mas papagaia não, isso não dá, eu teria de ter as minhas próprias palavras para começar aquilo. Foi aí então que descobri a peleja entre pesquisa qualitativa e quantitativa, descobri as agruras das ciências sociais para conseguir modos próprios de caminhar em uma pesquisa e muitas outras coisas sobre as quais eu não tinha a menor ideia enquanto me dediquei exclusivamente a ler e escrever filosofia. Muitas coisas eu li, dos clássicos aos pós-tudo.

Muito bem, fui para as aulas e, como de costume, tinha que ser de verdade: falei para os alunos que eu nunca tinha dado aulas daquilo, que, aliás, mal sabia do que se tratava. Contei toda a minha história de batalha contra Lopesgiado de Mequitosa e pedi que cada um contasse a sua. Cada um deveria contar sua história sobre como conseguiu fugir de Lopesgiado de Mequitosa e se disfarçar, para que houvesse uma Metodologia de Pesquisa plausível em seu projeto, a ponto de ele ter sido aceito na universidade. As histórias foram as mais escabrosas, umas quase trágicas, outras muito hilárias. Assim estava desenhada a linha de largada, estávamos todos alinhados, para começar juntos: ninguém sabia nada sobre isso e teríamos de inventar. O curso foi um sucesso, quero dizer, foi um curso de filosofia da metodologia de pesquisa e todos gostaram muito e o consideraram valioso. É isso: mais do que nos apossarmos de modelos e técnicas – coisa essa, ademais, como já foi dito, impossível para nós –, tratou-se de ler e estudar e buscar, comparar, compartilhar, experimentar, problematizar. No final do curso cada um dos participantes fez uma análise do percurso que o item "Metodologia de Pesquisa" tinha feito desde sua primeira aparição no projeto de entrada no Programa, até aquele momento, no final do primeiro semestre, depois desse curso e dos encontros de cada um com seus orientadoras na reelaboração do projeto de pesquisa. Tratou-se de textos que faziam o esforço de mapear os percursos do pensamento: os questionamentos, os achados teóricos, comparações, planejamentos. Eram desenhos dos caminhos, muito tortuosos, constitutivos da busca de saídas para os modos de fazer a pesquisa.

Essa necessidade de pensar em como fazer uma pesquisa antes, durante e depois de concluí-la é o que traz este livro que o leitora tem diante dos olhos agora: colocar-se a pensar nas dificuldades de planejar os caminhos, seguindo a crença na impossibilidade disso, se concentrando em encontrar uma forma de começar, apenas, sair da inércia e fazer um primeiro gesto. Depois ir surfando nas ondas que surgirem, desviar, redirecionar, manter-se em pé. E, por fim, olhar para o que aconteceu: analisar, relacionar, sintetizar, compor.

...

O questionamento sobre se ter propriamente um método para a pesquisa pode começar pela etimologia desta palavra, que quer dizer seguir um caminho, na intenção de se chegar a um determinado fim (do grego, *methodos* = *metá* + *hodós*. Respectivamente significam "o que está a seguir, depois" e "caminho").

Isso parece pouco, se pensarmos em método para uma pesquisa em filosofia, em educação ou em qualquer uma das chamadas ciências humanas. Para ser possível seguir um caminho traçado *a priori*, é necessário que haja a garantia de que tudo estará no mesmo lugar e se comportará da mesma maneira, sem mudanças, no decorrer do tempo. Uma ideia de método assim equivale à ideia de mapa na geografia. Usa-se um mapa das localizações fixas de relevos e acidentes geográficos, previamente desenhado, para percorrer essas regiões. No entanto, a vida não se comporta assim, como os rios e montanhas. Ela se diferencia de si mesma em movimento constante. Algo que acontece em uma sala de aula em um dia, por exemplo, não poderá ser reproduzido em outro. Poderá sim ser repetido e nessa repetição se prova a absoluta singularidade da vida, irreproduzível, em sua multiplicidade. Para escapar da rigidez – de todo perigosa e infrutífera – do caminho projetado como único meio de alcançar algo, também ele já planejado, costuma-se dizer que se trata de praticar uma metodologia e não um método. É possível pensar, porém, que, talvez, apenas isto também não baste. Se esse *logos* que é adicionado ao caminho traçado (método + logia), pretendida reflexão sobre si,

Fazer filosofia com o corpo na rua ○ 41

for uma ação *a posteriori*, não funciona como elemento da própria pesquisa, proveitoso para aproximar esta da vida. O que se faz, geralmente, na defesa de uma metodologia, é, depois que de alguma forma já se garantiu uma conclusão plausível, colocar-se a pensar no caminho que foi tomado e arriscar algumas mudanças para uso posterior, em outras pesquisas, mas não na mesma, que já estará fechada, nessa altura. Além disso, poucas vezes se versa sobre o que "não deu certo", sobre tudo o que tenha trazido dados que não ajudam a comprovar a hipótese, ou até mesmo que traga elementos para descartá-la.

No entanto, é possível pensar que, para insuflar a pesquisa de vida e talvez ainda de possibilidade de verdade, há que se pensar o método durante o caminho e não depois. O que se coloca aqui é que toda pesquisa seria sempre uma espécie de ensaio, já que admitiria o risco e a mudança de direção, sem limites, e se narraria isso, numa metalinguagem, uma espécie de terceiro olho da pesquisa; quer dizer, trata-se da capacidade de perceber os acontecimentos de forma intensa e sutil. Seria o entendimento de que pesquisa é principalmente prestar atenção em si, no próprio processo de busca como um processo singular e irreproduzível.

Uma tal pesquisa, sensível à vida, parece a única que faz sentido. Isto se o sentido estiver sendo buscado como modo de vida e não o "sentido" dos pontos no Lattes, dos prazos da Capes, da lógica do produtivismo desenfreado. Uma pesquisa feita com uma metodologia assim deixaria de ser atormentada por Lopesgiado de Mequitosa, pois o personagem do pesquisador torturado deixaria de existir. Seria uma terceira história, uma de Metodologia de Pesquisa, não como a primeira, mas uma que, praticando a pesquisa como algo vivo, seja mutante e metalinguística. Ou seja, aberta aos acontecimentos e que fale das suas dificuldades, dos desvios, da necessidade de recálculos.

Uma questão muito relevante, no que diz respeito à pesquisa, é a da observação, e é aqui que podemos reativar os questionamentos sobre os "fatos", feitos anteriormente. Pergunta-se: o olho de quem vê, vê o quê? A discussão sobre a relação entre sujeito (quem vê) e objeto (o que é visto), ou seja, sobre o processo de criação de conhecimento, é tão antiga quanto a filosofia e é de importância indiscutível. Faz parte dessa discussão aquela outra, referente ao método, ou seja, a pergunta sobre qual o melhor caminho a ser percorrido para conhecer as coisas como elas são, a verdade sobre as coisas. Da Antiguidade até a Idade Moderna, na civilização ocidental, podemos dizer que a tônica do estudo sobre o conhecimento humano estava colocada no objeto, pois, dada a existência de um ser, a preocupação era a de como chegar a conhecê-lo, como chegar a ele. Tratava-se da discussão sobre modos de decifrar a coisa em si, a coisa ela mesma, na sua essência. Ora, tal movimento, obviamente, parte da crença na existência dessa coisa por si mesma. A concepção do processo de conhecimento era a de que a coisa estava dada, idêntica a si mesma, e os homens teriam de se esforçar para conhecê-la como realmente é. É nesse sentido que se diz que a tônica estava no objeto, já que todo o esforço de criação de conhecimento estava condicionado à decifração da coisa em si. A partir do grande engano descoberto pelo icônico físico Galileu, na primeira metade do século XVII, de que o planeta Terra é apenas um cisco no universo infinito e de que é ele quem gira em torno do Sol, muita coisa mudou, radicalmente. A tão famosa revolução copernicana, que substitui o modelo geocêntrico pelo heliocêntrico, é feita por meio de observação intencional e sistemática, por meio de instrumentos – o telescópio – e cálculos matemáticos. Naquele momento fica explícito que séculos de engano se deram porque se acreditou em meios falhos de se chegar ao conhecimento. Haveria que se pensar, a partir de então, nos modos como se conhece, nos meios, nos instrumentos, nas linguagens e no pensamento, no modo de pensar. Assim, a tônica do processo de conhecer algo se desloca do objeto para o sujeito. O olho de quem vê, vê o quê? Ora, depende do olho – agora, é esta a resposta. Não se responde que o olho vê a coisa, que é sempre ela mesma e está lá para ser conhecida. No filme documentário, muito lindo, *Janelas da Alma*, de João Jardim e Walter Carvalho, acompanhamos a narrativa de dezenas de pessoas com diferentes graus de deficiência visual sobre como veem o mundo, como são as coisas para elas. O fotógrafo cego e o míope que coloca seus óculos pela primeira vez são imagens impactantes para pensar a questão da observação. Desde a primeira constatação moderna de que o objeto pode mudar dependendo do modo como o sujeito chega até ele para decifrá-lo, e que esse objeto é determinado pelos modos como é nomeado, classificado, analisado e usado, até as atuais teorias da física quântica de que os elétrons mudam de comportamento quando sob observação, ou mesmo o questionamento quanto à existência da matéria,[1] muito há que se pensar ao se sair para qualquer tarefa de observação. A relação entre um sujeito que observa e um objeto que é observado não é simples e estável, com seus termos definidos. Cada um dos termos é complexo e mutante. O sujeito observa, porém nunca é neutro, já que consigo traz toda sua história e sua geografia, suas angústias, suas alegrias, memórias, propensões, sensibilidades, tabus etc., além das circunstâncias singulares do momento exato em que está dedicado a observar. O sujeito pode, ele também, estar sendo observado pelo objeto, o que o torna objeto, ato que desdobra a relação em uma inversão dela mesma, ambas acontecendo ao mesmo tempo.

    Tomemos como exemplo, no campo da educação, um pesquisador que determina que para sua pesquisa é necessário observar o recreio de turmas de crianças de quatro anos de idade. Suponha que ele faça acordo com uma escola para estar presente nos horários de intervalo dessas crianças, quando elas estiverem no parque, brincando livremente. Suponha ainda que esse pesquisador não vá a campo todos

---

[1] Sobre essas questões da física quântica, *cf.* "o experimento da fenda dupla".

os dias. Pergunta-se: quando o observador está no parque, as crianças se comportam da mesma maneira de quando ele não está? Ou seja, a presença do pesquisador interfere no modo como elas agem? Como saber, se só quando ele está presente é que pode observar? Quando o pesquisador está lá, não está ele também sendo observado pelas crianças e outras pessoas presentes? Quanto isso afeta sua observação? Nesse sentido, essa relação de observador-observado é mais fácil quando se vai ao cinema, pois ali o observado não sabe que está sendo observado, o *voyeur*, aquele que vai lá para ver, o faz de forma ilícita: os personagens da história não permitiram serem observados e não têm como quebrar essa relação, pois estão presos em uma película. Além disso, o observador está protegido pela impossibilidade de tomar qualquer atitude em relação ao que se passa diante de seus olhos, qualquer coisa que faça não mudará a ação dos personagens tampouco seus destinos, pois aquela história já foi filmada. Porém, voltando ao exemplo dado, quando o pesquisador se faz presente na hora do recreio das crianças, tentando ser apenas um observador – seja lá o que isso queira dizer –, a coisa é viva, está acontecendo naquele exato momento e qualquer coisa que ele faça, sua própria presença, irá alterar o que está acontecendo. Portanto, o pesquisador/observador é parte da cena observada, não tem como escapar, está emaranhado em seu próprio objeto. Sob essa perspectiva, já não é possível fazer uma separação tão clara e certeira entre sujeito e objeto, assim como não se pode mais determinar de forma absoluta e indiscutível o que é um fato. Assim, dada essa miscigenação entre sujeito e objeto, trata-se do esforço não mais de separar esses dois termos e garantir que sejam e permaneçam estanques e puros, cada um do seu lado, já que isso se mostrou impossível, mas, sim, de assumir esse hibridismo e, a partir daí, criar táticas de ir ao campo da pesquisa e lá "decidir o que é dado" e "trazer" os dados.

  Dados, porém, não existem. Em ciências humanas e filosofia não é possível medir matematicamente e aferir seus objetos de estudos. Não é simples assim como ir a campo e coletar. Não há uma árvore dos dados relevantes para a pesquisa, da qual se possa servir. Dados são criações. Trata-se de eleger o que importa como relevante e útil dentro de todo o universo do campo da pesquisa. Podem ser muitas horas de anotações e filmagens, podem ser horas de entrevistas, podem ter acontecido muitos percalços e malogros, pode parecer que nada aconteceu, podem ser pilhas de documentos etc., o que, disso tudo, selecionar? Quais critérios usar para selecionar o que realmente importa para a pesquisa? É necessário ter critérios, mas como determinar esses critérios? O importante é sempre lembrar-se dos objetivos da pesquisa e usá-los como balizas, mas com a coragem de não os tomar de forma rígida e impermeável à vida. Definitivamente pesquisar é uma turbulência sem descanso, assim como viver, se se vive uma vida porosa às questões que lhe pertencem. Estando abertos às intensidades dos acontecimentos (no "campo", nas leituras, em toda sorte de encontros), pesquisadores terão que ser firmes em seus propósitos, porém permeáveis.

É necessário ter coragem de não se deixar absorver pela preguiça: pesquisar dá mesmo um trabalho danado e acontecem coisas indesejadas. O que fazer com elas? Uma análise que se debata com todas as dúvidas, as aparentes contradições, destrinchando tudo o que "deu errado", vale incontáveis vezes mais do que uma sólida conclusão de mentira. Coragem de mudar de direção a qualquer momento, mesmo que não haja mais tempo, mesmo que isso tenha que ser feito na conclusão, que no caso serviria também de introdução, uma abertura para novos problemas, novas possibilidades de caminhos, a partir do que se tivesse sofrido no processo. Quer dizer, se não há realmente uma linearidade progressiva, o resultado da pesquisa pode ser rugoso, montanhoso, altos e baixos e dobras, sem a pretensão de ser o pote de ouro no fim do arco-íris. E será muito proveitoso como resultado da pesquisa se as dificuldades e contradições do percurso forem explicitadas.

Se, em uma pesquisa, tudo é processo, tudo é meio, *intermezzo*, há que se inventar modos de não historicizar e sim de surfar na superfície de um território em construção, sendo permeável às novas coisas que forem se impondo no percurso, exigindo redirecionamentos e redefinições.

Finalmente, o momento da escrita, propriamente dito – passadas as leituras, as discussões, as idas a campo, as experimentações, as entrevistas etc., ou o que quer que tenha sido realizado como caminho da pesquisa –, é o momento da composição da interpretação. Pode-se dizer que se trata da criação de uma versão da realidade sobre a qual se debruçou a pesquisa, uma versão própria, singular. É o momento da síntese, entendida como junção de partes, conexão de heterogeneidades, perseguindo-se um sentido na composição de um todo significativo. Esta junção significativa, uma sintaxe, tem de ser inventada, tem de ser criada, configurando-se em um movimento epistêmico, de criação de mundos. Essa composição, que é um mapa das experiências no pensamento, é metalinguística, ou seja, fala sobre o seu modo de falar, analisa seus percursos de pensamento, compõe sua lógica interna explicitando os passos dados, os vaivéns, os acasos e as decisões. E isto só se aprende fazer fazendo, debaixo de muito treino, se submetendo a muitas leituras críticas e correções, se inspirando em textos de outrem que se admire, persistindo. Não existe uma forma para isso. Não é necessário que se siga uma estrutura clássica, canônica, introdução, capítulo teórico, capítulo sobre metodologia, capítulo analítico, conclusão, seja o que for, o que é isso de esquartejar assim a vida, o que é isso de fazer sempre na mesma forma, o que é isso de seja lá qual for a vida que tenha passado nessa pesquisa, seja qual for o pesquisadora, a coisa saia sempre do mesmo modo? Muito ainda há que se falar sobre a necessidade de se criar formas próprias de se escrever e de se pesquisar. Formas a serem inventadas pelo povo, pelas mulheres, negres, LGBT+s, indígenas. Outras epistemes. Do sul. Do sul em

Fazer filosofia com o corpo na rua ○ 47

hemisférico, do sul do corpo, do sul da pirâmide social concreta e simbólica. Qual é o cabimento de uma pesquisa que não busque uma metodologia que seja coerente consigo mesma?

Deriva, pensamento como deambulação e cartografia

Quando se diz que um barco está à deriva, isso significa que está sem qualquer controle, sem direção predeterminada, sem rota planejada, completamente suscetível aos fatores externos. A esmo, tudo pode acontecer; se houver tripulantes, ademais, isso pode ser muito temerário. Quando falamos em deriva em referência à pesquisa em ciências humanas e filosofia, ao contrário do que acontece em relação ao barco, o significado não remete a desastres, pois a ausência de uma rota predeterminada é justamente o que abre para experimentações, abre para o "fora", aquilo que ainda não foi pensado e ainda não foi pensado porque, até que se invente um novo modo de pensar, é impensável; abre para os encontros imprevisíveis, que podem colocar o pensamento para funcionar.

A problematização que envolve as questões sobre metodologia de pesquisa, quando levada ao limite, há de admitir, também como parte constituinte da pesquisa, o absoluto não caminho, como a deriva. A deriva, via de regra, não é considerada um possível método. Porque não é mesmo um método e não é metodologia, mas pode ser uma tática de pesquisa muito profícua. Pois, se a pesquisa está diretamente ligada com a vida e, portanto, é imprevisível e escapa – a despeito de todos os planos, das agendas e escolhas e imaginações –, a deriva pode ser uma tática de imersão no campo da pesquisa, uma técnica de aproximação da pesquisa à vida, na "busca de dados". Ela pode ser atuada como para os Situacionistas, para quem a deriva foi uma técnica de apropriação do espaço urbano, com vistas a trazer elementos para a *psicogeografia* que desenvolviam, entendendo esta como o mapeamento de comportamentos afetivos em relação ao caminhar sem rumo pela cidade (Jacques).

Michel de Certeau, em *A invenção do cotidiano*, cria uma distinção entre os conceitos de estratégia e tática que usará na busca de analisar os modos – os "modos de usar", essas "*performances* operacionais" dos atos cotidianos como ler, falar, circular, fazer compras, cozinhar etc. – como possíveis formas de resistência. Para ele, a estratégia se configura como cálculo de relações de força a partir da possibilidade do isolamento de um sujeito de um "ambiente". A partir deste desatrelamento, a estratégia presume um espaço que pode ser circunscrito como um "*próprio*" e que assim pode servir de base para o gerenciamento das suas relações com uma sua exterioridade. Nacionalidade política é um exemplo de construção a partir do modelo estratégico. Ao contrário disto, a tática é concebida por Certeau como um cálculo que não conta com um lugar próprio, com fronteiras fixas que permitam definir o outro como totalidade visível. A partir dessa ausência, não tendo o "próprio" como lugar para capitalizar seus ganhos, a tática conta com o tempo como elemento de ação, tendo que aproveitar as oportunidades, "capturar no voo". A tática é, portanto, a combinação de elementos heterogêneos, em momentos oportunos, cuja síntese intelectual é a ação, a decisão, e não o discurso. Uma dona de casa no supermercado, que leva em conta o tanto de dinheiro que tem, os gostos gastronômicos e as necessidades nutricionais da família, as ofertas do dia e as possíveis combinações destas com os ingredientes que já tem em casa, entre outros elementos, e que a partir daí toma uma decisão, é um exemplo de tática.

É nesse sentido que pensamos que se pode tomar a deriva como tática de pesquisa. É certo que haja todo um campo delimitado da pesquisa: o próprio pesquisador tomado por todas as suas crenças, o aporte teórico, o contexto que a justifica, os objetivos, o problema, mas, mesmo assim, é possível colocar-se à deriva na pesquisa.

Deriva na pesquisa não é ausência de objetivo, não é a falta completa de intenção, como a de uma pena solta ao vento. Seria mais como a ação de um andarilho, que pode fazer percursos totalmente ziguezagueantes, permitindo-se seguir os signos que encontrar e que o afetam, mas que não deixa de estar sempre perseguindo algo, que seja, em última instância, sobreviver. Porém, como isso poderia funcionar em uma pesquisa? Se se planeja um trajeto e se demarcam temas para observar, isso ainda seria deriva? Uma deriva pedagogizada é ainda deriva? É possível deriva com roteiro prévio? Ou, ao contrário disso, deve-se se libertar totalmente de qualquer amarra e derivar sem rumo? Mas como não se perder em uma pesquisa assim?

Então saí para levar o cachorro e comprar pão. Encontrei o Joaquim, 5 anos, indo para a natação, de chinelos, saltitante, distraído; a "moça que trabalha lá em casa" estava com a mochila nas costas, "Joaquim" estava bordado nela. Tento bater um papo com ele, Joaquim está distraído, põe a atenção no Tito, meu cachorro, não me responde, não me responde reiteradamente. Depois desse breve monólogo, a moça educadamente diz que estão atrasados, se despedem, apertam o passo e se vão. Fico observando-os se afastarem por uma reta até perder de vista. Ela caminha reto, focada no objetivo a ser alcançado, olha se há degraus, agarra a mão dele para atravessar a rua, e seguem os dois, ela guiando o caminho, ele, à deriva, deambulando. É possível estar à deriva se houver um chefe do caminho, penso, alguém que vá balizando e, mesmo dentro do território demarcado por outrem, é possível derivar. Depois disso, pensei: na pesquisa, os objetivos, as concepções prévias, o que se busca, isto tudo seria a moça que carrega a mochila; o Joaquim é o pesquisador, o experimentador, o atento, embora pareça distraído, *apenas* uma criança. Na pesquisa, a moça que carrega a mochila e o menino são um só: o próprio pesquisadora.

Trata-se aqui de se defender que é preciso agir na pesquisa de forma a fazer esta ação corresponder ao movimento do pensamento: por deambulação. *A experiência é um percurso ou uma série de percursos [...] Se a consciência se revela como fluxo, é porque ela sempre está seguindo linhas, criando seus percursos [...] O conhecimento é deambulatório* (Lapoujade).

A clássica ideia aristotélica do funcionamento da razão (*logos*) – que, de maneira geral, ainda é usada como padrão do pensamento ocidental – revela um modelo linear e progressivo de construção de conhecimento. Segundo esse modo de entender, o pensamento é operado por silogismos, isto é, por conexões-padrão entre ideias, as inferências, e segue os princípios básicos de identidade, terceiro excluído e não-contradição, constituindo a base do que se convencionou chamar de lógica. Trata-se de determinar as leis objetivas do verdadeiro. Ou seja, de descobrir quais são os modos do pensar que levam à verdade. Há, no entanto, outras formas de conceber o movimento do pensamento e a criação de conhecimento – que foram formalizados em outros sistemas lógicos, a partir de meados do século XIX –, formas que não operam por identidade, mas na diferença. Aqui é importante salientar que se trata da diferença de si para consigo mesmo, não se trata de diferenças no plural, de diversidades, não se trata, assim, da comparação de atributos dos seres, mas da impossibilidade de um ser permanecer idêntico a si mesmo, pois toda essência é mutante, é movimento constante e imprevisível. No movimento do pensar, a diferença é acompanhada da admissão da contradição: dado o encontro de duas coisas com naturezas contraditórias, não é necessário que se escolha entre elas – ou bem isto ou não-isto – já que estas duas coisas não se encontram na mesma dimensão, não há oposição termo a termo, sendo assim coisas que se opõem não necessariamente se excluem. Na lógica clássica, o princípio da não-contradição afirma que a conjunção (*e*) de uma proposição com a sua negação é uma falsidade lógica. Ou seja, dadas duas coisas, uma sendo a negação da outra, necessariamente apenas uma delas é verdadeira, sendo a outra falsa. Seria impossível, por exemplo, afirmar "Chove e não chove", uma vez que o que se concebe é: ou chove ou não chove. Na lógica tradicional, portanto, o princípio de não-contradição leva à necessidade de se dispensar qualquer outra possibilidade de ser, eis o terceiro excluído. Seguindo o exemplo dado – ou chove ou não chove –, não há uma terceira possibilidade. Isso quer dizer que, se uma proposição é verdadeira, sua negação é falsa, e se uma proposição é falsa, sua negação é necessariamente verdadeira, não há terceira possibilidade. Mas na lógica da co-implicação de Deleuze, da complicação – a que usamos – o movimento de disjunção (*ou*) é inclusivo e se configura como movimento de composição de redes, superficialidades rizomáticas, compostas por conexões "e... e... e", abandonando o *ou*. Linhas são percorridas, formando pedaços. *A deambulação se faz gradativamente, por junções sucessivas. O conhecimento cresce por meio de pedaços que se agrupam* (Lapoujade). *E, a bem da verdade, não existe a razão, ela só existe em pedaços* (Deleuze).

Se é verdade que o pensar funciona por deambulação, e deambulação não é necessariamente submissão à errância, mas sucessão de conexões, composição de pedaços, e que a consciência é o fluxo do percurso que os junta, pensar é, por conseguinte, o movimento de compor, agregar partes – mas também decompor, deixar escapar pedaços – de *crazy patchwork*, colcha de retalhos heterogêneos entre si, díspares em textura, natureza, origem, estado etc., multiplicidade de singularidades em constante movimento, nômade. *Há muito tempo Fitzgerald dizia: não se trata de partir para os mares do sul, não é isso que determina a viagem. [...] Viagem no mesmo lugar, esse é o nome de todas as intensidades, mesmo que elas se desenvolvam também em extensão. Pensar é viajar.* (Deleuze e Guattari).

Movimento nômade sem sair do lugar: pensar.[2]

---

[2] Interessante salientar que na raiz da palavra *logos* está justamente essa ideia de reunir, quer dizer, fazer combinações, associações, desenhar uma ordem no caos, para permitir que haja pensamento, dando sentido às coisas. O questionável é que

Quando nos propusemos a sair para experimentações, na pesquisa de que tratamos aqui, especificamente, foi importante nos lembrarmos de que, quando saímos às ruas com a intenção de enxamear signos para afetar, não podemos nos esquecer de que a cidade é ela mesma um vetor de signos em enxurrada. Assim, mesmo que uma ação na rua não seja planejada para acontecer em movimento, no caminhar, no percorrer fisicamente o espaço da cidade, ela pode ser deriva, pois esta é entendida aqui como intensidade, e pode não ser necessariamente extensiva. Ao nos instalarmos no meio de um canto qualquer da cidade, para uma ação, percebemos estarmos o tempo todo expostos aos signos que dela emanam em profusão, e somos desafiados a interagir com eles. Nossas extervenções foram experiências de derivar sem sair do lugar.

O que nos propusemos a fazer nesta pesquisa foi escapar de todas as categorias e métodos à disposição ou por vir (aqueles que nós mesmos pudéssemos inventar) e cartografar uma paisagem que, todavia, não existia antes de começar a ser agrimensada. A medição dessa paisagem tampouco contava com instrumentos aferidores de suas dimensões. Eles foram sendo forjados, a custo, no atrito dos corpos.

A cartografia é um conceito proveniente do universo das ciências geográficas e que diz respeito à atividade de fazer mapas, a partir de observações empíricas e estudo de documentos, valendo-se de conhecimentos técnicos, científicos e artísticos. Estes mapas, na geografia, servem para representar determinada realidade física, e pretendem corresponder, em determinada escala,

---

se deixou, através dos tempos, acreditar que haveria uma única forma boa e certa de se pensar, de criar essa ordem, o que aconteceu no interior de cada uma das formas de pensar: filosofia e arte. E, a partir da Modernidade, gradativamente, foi sendo assumida uma forma única de se pensar, em detrimento da filosofia e da arte, que é a forma da ciência. Forma esta que recobre todo o pensamento e que posteriormente se alia à técnica e à economia e se transforma na forma de pensar do capitalismo que assume o papel prioritário e legislativo sobre todas as outras.

ao fenômeno ao qual se referem. Mapas assim pretendem servir para que se possa alcançar a realidade representada, de modo remoto, conhecendo-a e reconhecendo-a a partir dos elementos que foram selecionados para figurar ali, mas que são tomados como universais, já que pretendem tornar presente uma realidade de forma estática, a partir de categorias gerais.

No entanto, quando se fala em cartografia em relação à pesquisa acadêmica, é toda uma outra coisa. A cartografia não é uma metodologia de pesquisa. E muito menos método. Cartografia, no entanto, pode ser tática metodológica.

O cartografar não se pratica apenas no momento da escrita, quando se está juntando partes para uma composição. Ele está também no modo como o corpo do pesquisadora se distribui no espaço, o modo como percorre as distâncias entre as leituras e as experimentações, os planejamentos e os acontecimentos, como documenta isso, como muda a partir disso; como vai, assim, compondo uma paisagem da pesquisa, que não cessa ela mesma de mudar, que é rizoma, não tem centro, ramifica-se. O cartografar é também, de certa forma, deriva, pois trata-se de estar com as antenas sintonizadas para a absoluta singularidade de cada acontecimento que pode ser incorporado, relacionado, conectado. Trata-se de movimento de junção de heterogeneidades, durante todo o processo da pesquisa, compondo uma multiplicidade. A cartografia seria mais um modo de estar na pesquisa, correlato ao "modo de usar" de Certeau; uma tática ela também, uma forma de agir a partir das conexões entre os elementos irreprodutíveis que se apresentam.

Cartografar é geografia, não é história. Cartografar é desenhar mapas, não é narrar vivências. O desenho desse mapa se faz no percorrer o trajeto da pesquisa em seu processo; trata-se de cartografar territórios que estão sendo inventados no próprio movimento de cartografar, não existem antes disso, pois esse mapa que se produz não é representação, é a própria coisa, é um mapa de escala 1:1, o que está lá é tudo. Cartografar concerne a agrimensar uma paisagem que é mutante. Percorrer entre os pedaços. Cartografia é pensamento, sua ação é a de juntar pedaços, criar sentido, compor. Os mapas resultantes desse movimento não servirão para serem usados novamente na reprodução de seu caminho, pois as paisagens desenhadas são movediças; uma pesquisa qualitativa em ciências humanas e filosofia lida diretamente com aquilo que não para de se diferenciar de si mesmo, a vida. Esse mapa, inútil para reúso, não poderá ser modelo, pois é experiência de pensamento, é experiência de ação, é cavar toca cheia de entradas e saídas, é acontecimento, em uma palavra, é irreproduzível. No entanto, pode servir de exemplo, de inspiração, de encontro para gerar pensamento, por isso tem seu valor, para isso tem muito valor.

É isto que o leitora irá encontrar neste livro: um mapa das experimentações que foram arriscadas nesta pesquisa, primeiramente com as extervenções, e depois com os *slams*.

EXTERVENÇÕES

Extervenções? O que é isso?

Fazia muito tempo que eu estava querendo sair para a rua. O gabinete pequeno demais. As aulas, as aulas, as aulas. E ler e escrever e ler e escrever. As reuniões, muitas reuniões, e, no *grupelho*, nosso bláblá acadêmico, estudar textos, esmiuçar conceitos... e o mundo lá fora. Não se tratava de querer um projeto de extensão: uma rua asfaltada, sinalizada, saindo da universidade para um lugar planejado e desse lugar para dentro da universidade, um caminho determinado, com seus modos de usar. Não era isso que borbulhava em mim, mas a vontade de explodir, a partir da universidade, sem qualquer controle sobre os estilhaços.

Durante muitos meses, nas reuniões com o *grupelho*, eu insistia na necessidade de se tentar fazer filosofia de outras maneiras. Os participantes, na época, vindos das faculdades de filosofia e de educação, estranhavam aquilo. Eles entravam na troca de ideias comigo, investigando intelectualmente modos, mas nossos corpos não saiam das cadeiras. O *grupelho* passou por diversas fases, nesses anos, pessoas entraram, pessoas saíram, é um grupo aberto, não é obrigatório para orientandos, para ninguém. Por insistência minha, nas reuniões, começamos a fazer algo com os corpos, além de sentar e falar e tomar café. Envolvidos com a ideia de pensar com o corpo, estávamos em três: a Carla, ligada à dança, o Davi, ligado ao Kundalini Yoga, e eu, ligada ao meu passado de intervenções urbanas na cidade de São Paulo, no começo da década dos anos 1980. Na primeira reunião de agosto de 2016, nós três fomos para o Parque Municipal, juntamente com o Leo Mascarenhas, que estava partindo em viagem pelo mundo, e a Fabiana Natividade, que não morava mais em BH. Naquele dia, Leo conduziu uns exercícios desses de preparação teatral, foi tudo muito intenso, ficamos felizes, nunca tínhamos feito nada assim juntos; sentamos em volta da toalha do piquenique e conversamos longamente sobre isso. As reuniões seguintes, no gramado do bosque da Faculdade de Música, passaram a se configurar como o momento em que realizávamos alguma atividade com o corpo, que um de nós propunha e coordenava, para, em seguida, nos dedicarmos ao estudo de algum texto que tínhamos escolhido para ler. O grupo, que já tinha sido constituído por mais de dez pessoas, agora tocava o trabalho em três, com visitas esporádicas de um e outra. Eu resistia e pensava que, enquanto tivesse apenas mais uma pessoa comigo, eu continuaria tentando. Nós três insistíamos, apesar de invariavelmente expressarmos nosso incômodo com o fato de ainda estarmos oscilando entre dois momentos distintos, um dedicado à prática de algo e outro à teoria de algo. Inventávamos formas de juntar as duas coisas, fizemos muitos ensaios, tentativas e tentativas, muitas vezes derrapando no mesmo lugar, falhando. Aos poucos, porém, fomos mexendo os corpos para falar do texto lido, para escrever textos. Dançar os textos lidos, caminhá-los, desenhá-los, sem representação, em busca de expressão e mistura. Experimentávamos.

No final de outubro de 2016, houve a onda de ocupações estudantis. Nossa faculdade foi ocupada e estava sendo gerida pelos alunos. A Carla tinha ganhado incentivo para organizar um evento, por meio de um edital da Pró-Reitoria de Assuntos Estudantis, e inventou o I Seminário Pedagogia Dançante. Essa era a maneira dela de lidar com as nossas questões, de incorporar o pensamento, pensar com o corpo, indistinguir corpo e pensamento. Para ela, era imprescindível que o *grupelho* fizesse alguma coisa neste evento, e separou um período para nós na programação.

No final de outubro, nós três nos reunimos no bosque. A gente tinha que decidir o que fazer no Pedagogia Dançante, e não tínhamos a menor ideia. Insuspeitadamente, no horizonte, duas silhuetas femininas foram ficando cada vez maiores, se aproximando de nossa toalhinha na grama, e quando chegaram suficientemente perto, disseram que tinham vindo para a nossa reunião. Uma delas, por indicação de alguém que eu conhecia vagamente pelo Facebook, e a outra, por comentários de uma colega que já tinha passado por nossas reuniões. A Gláucia ficou conosco por muitos anos. Motivada pela fervura que as ocupações causavam na universidade e em mim, eu tinha escrito um texto meio panfletário, que depois virou artigo publicado em uma revista acadêmica. Eu estava muito envolvida com tudo aquilo, e perguntei a elas se poderia ler meu texto. Sim. Li. Gostaram muito e em cinco minutos decidimos o que faríamos no evento de pedagogia dançante da Carla, na semana seguinte.

Eu lia o texto com pausas, enquanto mexia meu corpo aleatoriamente percorrendo o espaço. O Davi tocava um bumbo, na cadência dos movimentos, seguindo sua intuição, sem marcas combinadas. A Gláucia e a Renata Crisóstomo desenhavam com carvão de churrasco em uma parede grande que tínhamos coberto com folhas de papel pardo em toda a sua extensão. A Carla dançava ali no meio, seguindo o ritmo. Tudo improvisado, acontecendo na hora. Em pouquíssimos minutos toda a audiência do Seminário se levantou do chão onde estava sentada e começou a participar desenhando, dançando, carvão no corpo, coreografia instantânea, coletiva, tudo transbordando de intensidade. Quando o texto acabou, todos bateram palmas com entusiasmo e se abraçaram sorridentes. Depois disso, recolhemos nossas coisas e limpamos o espaço. Uma colega recém-chegada na universidade me procurou, muito animada, dizendo que tinha gostado muito do que fizemos, e que tinha gravado tudo em vídeo. A Libéria está conosco até hoje.

A partir do ano seguinte, 2017, o grupo já contava com muitos outros participantes interessados nesse germe de alguma coisa que buscávamos com nossas experimentações, e assim fomos definitivamente para as ruas. Inventamos várias ações e as performamos muitas vezes até o meio do ano seguinte. Adiante, nesta publicação, apresento, com detalhes, uma série dessas ações.

Ao sair às ruas, em movimentos de ensaio renitente, tudo deu meio errado e meio certo, ao mesmo tempo. Coisas aconteceram, mas não as que esperávamos. De qualquer modo, foi muito alegre termos conseguido abrir essa tampa para escoar, em jato, essa vontade, essa crença, essa necessidade que estávamos acumulando, essa coisa toda de pensar de outros modos, pensar com o corpo, provocar o pensar por meio do corpo.

O que move esses corpos *grupelhos*, o que os faz sair às ruas é a necessidade de inventar formas de restituir uma intensa relação entre filosofia e vida, estamos imersos na crença de que não há nenhum sentido na filosofia se ela não for vivida, se não for incorporada. É a busca da filosofia tornada gesto. Como mexer o corpo para que ele faça o pensamento se mover? Como mover nossos corpos, na rua, para que sejam vistos e possam afetar os transeuntes apressados da cidade? Como praticar filosofia perante os outros, de forma que os afete? Mais do que da filosofia em si, trata-se, talvez, do pensamento, do pensar. Como pensar de outros modos? Pensar sem a cabeça. Sair na rua, meio à deriva, tateando, fazendo experimentações e insuflar pequenos tropeções, gagueira, foco-desfoco, acontecimento. Não somos artistas e somos, não somos filósofos e somos, não somos loucos e somos.

Essas ações filosóficas experimentadas na rua foram chamadas de extervenções. Não são intervenções, porque pensamos que uma intervenção pressupõe um todo significativo no qual se pretende interferir para mudar algo ali, muitas vezes já intencionando a direção e o teor da mudança. Uma extervenção, por sua vez, está intensamente calcada na ideia de rizoma, a cidade é um rizoma, o pensar é um rizoma, também o aprender. Rizoma é sistema a-centrado que muda de natureza a cada nova conexão. É um sistema aberto, que tem inumeráveis e imprevisíveis entradas. Vamos para as ruas dispostos a (quase) qualquer coisa, não se sabe o que pode acontecer.

Houve, em São Paulo, na virada da década de 1970, um expressivo movimento de intervenções urbanas. Essas ações foram realizadas por grupos de artistas que tinham como objetivo romper com a normalidade do fluxo do cotidiano. Seu caráter intervencionista operava como crítica social e política, aspecto bastante significativo, dado o período de ditadura militar no Brasil. Tratava-se de movimentos de coletivos de artistas que se puseram criticamente fora da lógica do mercado de arte e saíram às ruas para praticar ações disruptivas que pretendiam intervir na sensibilidade dos transeuntes na cidade. Ao contrário das intervenções urbanas/ *performances* da década anterior, dos anos 1960, como de Lygia Clark e Hélio Oiticica, por exemplo, que eram bastante ligadas aos projetos pessoais dos artistas e que visavam superar a arte como representação, propondo experiências artísticas centradas no corpo, aquelas não eram autorais e visavam a uma inter-relação com os habitantes da cidade. Alguns grupos mais ligados ao teatro intervinham buscando afetar diretamente os passantes. Outros, mais ligados às artes plásticas, faziam o que chamavam de "interversões" plásticas (versões invertidas), muitas vezes durante a noite, para que fossem admiradas pela cidade pela manhã.[3]

Chamamos nossas ações de extervenções, exter-invenções, pois são ações que vêm do fora, querem trazer o fora, o caos, aquilo que ainda não foi pensado. Tem a ver com sair dos significados, por meio de encontros estéticos, de humor, de estranheza, para criar sentidos. Escapar dos significados que remetem ao Mesmo e perseguir encontros, ocasionar fricções que podem gerar sentidos singulares. Dar o que pensar. Dar o que sentir. Sair na rua e enxamear signos estranhos, *ex*tranhos, que incitem a decifração, que movam o pensar; um cutucão, um incentivo para que se saia do lugar do já sabido, das vivências cotidianas, para que se possa escapar, por pouco que seja, do caminho percorrido deste tipo de vida, na atua-

---

[3] A respeito deste assunto, sugiro conferir a dissertação de mestrado de Patrícia Morales Bertucci: *Intervenção urbana, São Paulo (1978-1982): o espaço da cidade e os coletivos de arte independente Viajou sem Passaporte e 3Nós3*. Disponível em: http://www.teses.usp.br/teses/disponiveis/27/27156/tde-14012016-104059/pt-br.php.

lidade, que parece já ter sido vivida antes mesmo de começar; vida que perde sua força a cada reprodução do seu mesmo.

O historiador francês Michel de Certeau, em sua obra *A Invenção do Cotidiano*, se pergunta sobre uma possível "rede de antidisciplina", que se configuraria a partir das "maneiras de fazer", imprevisíveis e criativas, daqueles que são colocados como "consumidores" no grande sistema econômico e de vida atual. A despeito do movimento cada vez mais totalitário do sistema de mídia, do urbanismo, do sistema financeiro-comercial etc., segundo esse pensador, há a criação de modos singulares de empregar os produtos que escapam à imposição da ordem econômica dominante. *[A]s maneiras de fazer formam a contrapartida, do lado dos consumidores (ou "dominados"?), dos processos mudos que organizam a ordem sócio-política* (Certeau). O pensador quer investigar quais são essas possíveis inúmeras práticas que podem vir a ser ações de reapropriação do espaço, todo ele já organizado pelas técnicas da produção sociocultural. Seriam táticas de escape da disciplina – no sentido dado por Foucault de dispositivo de modelagem de *corpos dóceis* para a produção capitalista, táticas de escape das estruturas tecnocráticas que controlam cada detalhe, cada gesto, nas sociedades disciplinares, por meio de suas instituições. A despeito das redes de *vigilância* (Foucault), e a partir da produção imposta, Certeau acredita que a invenção de outras *maneiras de fazer* seria, no limite, a astuciosa fabricação da *rede de uma antidisciplina*.

Táticas de resistência, resistência à captura da vida, com todas as suas possibilidades, sua imprevisibilidade, seus impensáveis. Microrrevoluções, ações capilares de invenção de desvios na ordem disciplinar e de controle que modela e modula a vida, capturando suas células e seus fluxos a partir de dentro, mobilizando o próprio desejo. Como resistir? Como a filosofia pode resistir, sem estar trancada em seu gabinete, falando de si para si mesma? Como incorporar o estopim do pensamento? Inventamos as extervenções pensando em sabotar as engrenagens do pensamento automático, do pensamento disciplinado, modulado, o pensamento do Mesmo: "Regurgitem! Regurgitem e continuem a remar, galera, o barco não pode parar, produção, consumo, produção, corra, corra, corra". Isto já não é mais pensamento, pois pensar implica necessariamente em criação, pensar é criar, sempre, porque é justamente a ação de lidar com aquilo que ainda não se sabe, o que ainda não foi composto em significados, ainda não se atualizou e é passível dessa ação para vir a ser algo, este que será, portanto, sempre novo. Nas extervenções, trata-se de enxamear signos que afetem, que atravessem como flechas, que fisguem o interesse e ponham o pensamento em movimento.

Rizoma

Uma crença nossa, e também uma forma de viver, e que, inevitavelmente, atravessa toda essa pesquisa e todas as experimentações que fizemos, é a ideia de rizoma.

Rizoma é sistema a-centrado que muda de natureza a cada nova conexão. É um sistema aberto, que tem inumeráveis e imprevisíveis entradas e saídas. Se se pode dizer que muda de natureza, é porque não tem propriamente uma natureza, no sentido de ser imutável e idêntico a si mesmo, uma essência.

Deleuze e Guattari tomam da botânica a figura do rizoma. Bananeiras são rizomas, espada-de-são-jorge e erva daninha são rizomas. Batata e grama, ratos aos milhares, deslizando uns sobre os outros, as matilhas, as tocas. Rizomas não são árvores. Neles, não há hierarquia, não há identidade fixa, lugar determinado, órgãos. O rizoma não para de criar novas conexões, não há ordem, é heterogeneidade em profusão. Rizomas não são estruturas.

Uma forma de entender a lógica do rizoma talvez seja lembrando de algumas vezes em que, durante o sonho, uma situação é vivida seguindo sua lógica com naturalidade, no entanto, quando se acorda e se vai tentar relatá-lo, isso parece uma tarefa impossível, porque a lógica da língua não dá conta da lógica do sonho: "eu estava em uma festa, mas não era bem uma festa, porque era também algo como uma aula, mas também não era uma aula e me encontrava com Fulano, mas não se parecia com ele, tinha outro rosto, era o Fulano e não era ao mesmo tempo, aí, de repente, eu já não estava mais ali etc.". Não há identidade, porque uma coisa pode não ser idêntica a si mesma e continuar sendo ela mesma. Não há lógica binária, pois não se exclui uma terceira possibilidade no ser das coisas, a lógica do "ou é isto ou é não-isto" não vale, já não há exclusão na contradição.

Na tradição ocidental, a imagem da árvore é usada para representar o conhecimento e serve de modelo de organização e funcionamento de quase tudo, do pensamento às empresas. Raízes e radículas, em grande número, dão base e fundamento ao caule, que sustenta os galhos e as folhas e frutos e flores. Cada coisa a seu tempo. Cada coisa em seu lugar. Tudo está ligado por dutos determinados, funções e características determinadas, seguindo a lógica binária do "ou", excludente de quaisquer outras possibilidades e de concomitância, é o império da identidade. Como modelo epistemológico, a árvore afirma a importância de algumas proposições, tidas como fundamentais, em detrimento de outras.

Como modelo epistemológico, o rizoma não é possível, ele é um antimodelo, pois afirma a igual importância de diferentes pontos de vista e percepção e experiência e suas possibilidades de criação, porque não para de se mover, diferenciando-se de si mesmo, não pode ser modelo. A defesa do rizoma como imagem do pensamento – uma forma prévia de pensar, que condiciona suas possibilidades de criação – é a defesa de uma ausência de imagem do pensamento, já que o rizoma conecta qualquer ponto a qualquer outro, criando linhas de naturezas heterogêneas, em direções imprevisíveis, mudando de natureza a cada variação das suas dimensões.

Acreditar no rizoma como forma de maquinação do pensamento e de mundos, e praticar isso, como o fizeram Deleuze e

Guattari em suas obras, é a afirmação de outros modos de pensar, combatendo a ideia de que o modelo arbóreo de conhecimento, com disciplinas organizadas hierarquicamente, corresponde à natureza das coisas. Trata-se de afirmar que a árvore não é um modelo que representa a realidade tal como ela é – mesmo porque, tal coisa não existe –, mas, sim, um modelo diretamente ligado a relações de poder social, política e economicamente determinadas.

Rizoma é antifundamentalismo e é diferença. Não existe uma forte unidade principal de onde tudo parta e que a tudo fundamenta. Ele não é uno que se tornaria dois, aos quais se pudesse acrescentar mais um, não é um múltiplo que deriva do uno, pois não é feito de unidades, e sim de direções, tudo é linha. Não tem começo e tampouco fim, tudo é meio. *[É] somente quando o múltiplo é efetivamente tratado como substantivo, multiplicidade, que ele não tem mais nenhuma relação com o uno como sujeito ou como objeto, como realidade natural ou espiritual, como imagem e mundo* (Deleuze e Guattari). A multiplicidade se constitui não por meio do acréscimo de dimensões, mas, ao contrário, subtraindo-se o uno, a identidade (sujeito e objeto), a essência. *Subtrair o único da multiplicidade a ser constituída; escrever a n-1. Um tal sistema poderia ser chamado de rizoma* (Deleuze e Guattari).

Tudo, menos o uno, a identidade, a essência. Tudo menos o um, n-1.

Rizoma = n-1.

Exemplário de extervenções

O que se segue aqui não é um receituário, mas um exemplário, ou seja, não se trata de um conjunto de receitas, mas de uma coleção de exemplos. Receitas podem ser reproduzidas, exemplos podem ser repetidos e, portanto, a cada vez reinventados.

Uma receita é escrita para ser seguida, há um caminho certo para se chegar a um determinado fim. É um modelo.

O exemplo é sempre só um exemplo, uma singularidade, ele não tem pretensão de se referir a uma universalidade. Os exemplos aqui elencados servem para inspirar. Preste atenção, puxe o ar pelas narinas, lenta e intensamente. Sinta o cheiro, misture isso dentro dos seus pulmões, do seu sangue. Expire. Quando expirar, já estará soltando outra coisa no mundo, uma coisa sua, não mais o que foi inspirado.

Extervenção: Como é a sua dança?

Material necessário:
- algumas pessoas;
- um cartaz de vestir (do tipo "compro ouro"), no qual se lê a pergunta "Como é sua dança?";
- um pequeno gravador de áudio;
- uma caixa acústica portátil, tocando músicas instrumentais que não sejam identificadas diretamente a algum estilo/grupo social;
- uma rua movimentada por pedestres.

Ação:
Uma pessoa, vestida com o cartaz, segurando a caixa acústica, e gravando o áudio do que virá, interpela os transeuntes: "Como é sua dança?". Enquanto outras registram em imagens, uma pode se infiltrar na cena e passar por transeunte e, ao ser interpelada, começar a dançar loucamente.

Extervenção: Como é sua filosofia?

Material necessário:
- algumas pessoas;
- um cartaz de vestir (do tipo "compro ouro"), com a pergunta "Como é sua filosofia?";
- papeizinhos coloridos autoadesivos;
- canetas;
- um pano grande, mole e pesado, do tipo "parangolé";
- uma rua movimentada por pedestres.

Ação:
Uma pessoa, vestida com o cartaz, fica parada bem no local de passagem dos transeuntes. Outra pessoa, vestida com o pano-parangolé, dança. Várias outras, com os papéis e canetas, perguntam para os que passam "como é a sua filosofia?", e anotam a resposta. A cada resposta, o papel é colado no pano esvoaçante do dançante. As respostas dançarão. Os papéis podem cair no chão, caso em que serão recolhidos e colados na parede, muro ou grade mais próximo à ação, formando uma coleção deles. Depois de um tempo, o grupo vai embora, deixando o cartaz e as respostas pregados. Atravessam a rua e observam, por mais um tempo, o que acontece com os papéis. Uma das pessoas do grupo pode ficar por ali, perto dos papéis, para captar algum detalhe.

Extervenção: Como você aprende?

Material necessário:
- algumas pessoas;
- uma Faculdade de Educação;
- um túnel de pano envolvendo a passagem, seja ela um corredor ou a entrada do espaço, de forma a não deixar outra alternativa de caminho;
- uma caixa acústica que propaga o som de vozes de vários tipos e com diversas entonações perguntando: "como você aprende?";
- papeizinhos comestíveis (de arroz);
- cola feita com farinha e água;
- canetas.

Ação:
As pessoas que andam pela faculdade (no horário da entrada, por exemplo) são forçadas a atravessar o túnel e, assim, têm que ouvir a pergunta que se repete. Ao saírem, serão interpeladas por um dos membros do grupo: "como você aprende?". As respostas serão registradas em papel comestível e coladas em uma

parede bem visível do prédio. Ao cabo de algum tempo, retira-se o túnel e deixam-se expostas as perguntas. No turno seguinte, quando a faculdade estiver novamente cheia de estudantes (na hora do intervalo, por exemplo), uma pessoa do grupo, imbuída do espírito de apresentador de circo, muito eloquente e chamativa, provoca a atenção das pessoas para as respostas ali expostas e pode comer um ou mais dos papeizinhos, declarando tratar-se de resposta muito boa ou gostosa ou que não quer esquecer, para justificar a ingestão. Procedendo assim, convida o público, parado ou passante, a fazer o mesmo: comer uma ideia.

Tudo isso será filmado. Será feita uma edição do material todo, a fim de produzir um vídeo de curtíssima duração, 3 minutos mais ou menos, que será exibido em telão, no mesmo local da ação, em *looping* (quando acaba, começa de novo, sem cessar), durante os três ou quatro dias posteriores à ação.

Extervenção: Cartas ao vento

Material necessário:

- cartazes em tamanho A3, em papel suficientemente firme para que se possa escrever à mão sobre ele, em forma de carta começada, contendo o nome da cidade, a data e apenas o começo da carta, como: "Minha querida, tenho me sentido muito preocupado com a situação do país, pois", "Querido, agora já acho que não vou conseguir me aposentar e", "Querida, tenho estado muito sem dinheiro e isso" e "Meu bem, tenho trabalhado demais mas";

- canetas presas a um barbante;
- pontos de ônibus;
- pessoas para observar e registrar.

Ação:

Afixar as cartas-cartazes e as canetas em pontos de ônibus, pela cidade. Alguns do grupo ficam a distância, para observar e registrar o que acontece. Algum integrante do grupo pode se infiltrar na cena e completar algo no cartaz, como forma de incitar a interação (o que se espera que qualquer um faça).

Extervenção: Abra sua janela

Material necessário:
- uma faixa de pano larga, quase tão comprida quanto a largura de uma avenida de quatro pistas, presa nas extremidades por varas, para que possa ser levantada, onde se lê: ABRIR A JANELA;
- vários papéis (¼ de A4), onde se lê: "abrir a janela e ouvir os sons da cidade, abrir a janela e deixar o novo entrar, abrir a janela e pensar por si mesma, abro minha janela e" (no verso desse papel, os contatos do *grupelho*);
- uma avenida movimentada;
- algumas pessoas.

Ação:
Numa avenida movimentada, a cada vez que fecha o sinal, duas pessoas estendem e levantam a faixa, posicionadas na faixa de pedestres, para que os motoristas parados, enfileirados, possam lê-la. Quando o sinal abrir, elas a enrolam, retiram-se da faixa e aguardam o sinal fechar novamente, repetindo a ação. Enquanto estiverem com a faixa estendida, outros quatro ou cinco integrantes do grupo distribuem os papéis com os escritos sobre abrir a janela, tal como fazem os vendedores de balas e pedintes de sinal.

Extervenção: Extervenção de si

Material necessário:
- pessoas;
- uma cidade e um caminho para fora dessa cidade, que se possa percorrer a pé. Se isto não for possível, pode ser uma caminhada para um bairro periférico e distante, a partir do centro;
- caderno de anotações;
- caneta.

Ação:
O grupo se encontra em algum ponto e, a partir daí, não conversa mais. Em silêncio, caminha sem parar, por horas, até chegar ao destino combinado. Caminhar, caminhar para dentro de si, tentar desvencilhar-se das preocupações do cotidiano, da necessidade de relacionar-se, apenas caminhar; um depois do outro é tudo o que há. Caminhar para perder os significados e tentar criar outros sentidos.

Ao chegar ao destino combinado, descansar sem falar. Quando quiser, cada um pega seu caderno e expressa o que desejar. Só depois podem falar, ler um para o outro o que escreveram, tomar um lanche.

Extervenção: Viver sem medo: desligar a TV

Material necessário:
- vários papéis (¼ de A4), onde se lê: "Viver sem medo: desligar a TV" (no verso desse papel, os contatos do grupelho);
- algumas pessoas.

Ação:
Um grupo de pessoas sai panfletando pelas ruas do centro.

Extervenção: A vida passa

Material necessário:
- algumas pessoas em formação de coral, cantando em looping (quando acaba, começa de novo, sem cessar) o seguinte verso da canção de Lulu Santos: "Nada do que foi será, de novo, do jeito que já foi um dia. Tudo passa, tudo sempre passará";
- vários papéis (¼ de A4), onde se lê: "A vida passa" (no verso, os contatos do grupelho);
- uma rua muito movimentada.

Ação:
Enquanto o coral canta, sem parar, outros integrantes do grupo panfletam.

Extervenção: Quem é você?

Material necessário:
- uma praça intensamente frequentada, num domingo;
- um telão no qual se veem imagens paradas de pessoas as mais diversas que se sucedem, em uma muito extensa sequência. A troca dos *slides*, no entanto, não deve ser rápida, pelo menos três segundos de duração para cada uma;
- pequenos papéis coloridos autoadesivos e canetas;
- um outro pano, esticado em plano vertical, branco, pode até ser um lençol, posicionado na frente do telão, no qual as imagens passam, a uns dez metros deste;
- um rolo de linha grossa multicolorida;
- algumas agulhas de costura grossas;
- espelhos de mão, tantos quantos forem os integrantes da ação;
- máscaras de tapar os olhos, daquelas de dormir, tantas quantos forem os integrantes da ação;
- algumas pessoas.

Ação:
Enquanto as imagens são projetadas no telão, integrantes do grupo interpelam as pessoas que estiverem por ali com a pergunta: "quem é você?". Caso o entrevistado peça algum esclarecimento, pode-se oferecer a ele um pequeno espelho de mão, sem mais esclarecimentos. Caso ainda haja alguma dúvida do entrevistado, pode-se oferecer a ele uma máscara para olhos, dessas que se usa para dormir. Esses objetos, supostamente, serviriam de auxílio para a elaboração de uma resposta. Assim que o entrevistado responder algo, o entrevistador anota no papel e cola no lençol. Um ou mais integrantes do grupo estarão com agulhas e linha colorida, para ir costurando cada resposta que for sendo colada, de modo que elas fiquem todas conectadas por fios. Se algum frequentador da praça, entrevistado ou não, quiser tomar alguma dessas posições, a saber, de costurador ou de

entrevistador, os integrantes do grupo devem incentivar. Depois de uma hora ou mais, espera-se ter composto um grande emaranhado de palavras, seus significados e seus sentidos.

Extervenção: Como matar políticos com poesia?

<u>Material necessário:</u>
- uma rua movimentada;
- tantos poemas quantos integrantes do grupo houver;
- fotografias impressas em papel A3, de vários políticos, uma para cada integrante do grupo;
- um caixote no qual se possa subir para declamar;
- adereços cênicos (opcional);
- uma caixa acústica que toca música.

<u>Ação:</u>
Enquanto um integrante do grupo sobe no caixote e declama seu poema, os outros dançam com suas fotografias. Ao término da declamação, todos gritam: "A poesia mata com um beijo". Todos beijam as fotografias que têm em mãos. O declamante rasga a fotografia do político que está consigo, teatralmente, com força. Todos gritam: "A poesia salva!". O grupo recolhe o caixote e a caixa acústica e se desloca para outro canto da cidade e repete a ação, sucessivamente, até que não haja mais poemas e fotografias.

Extervenção: Mulheres varrem o mar

<u>Material necessário:</u>
- um espaço da cidade, rua ou praça;
- algumas mulheres;
- vassouras feitas de folhas;
- caixa acústica portátil com som de mar e de varrição;
- vários papéis, em formato ¼ de A4, onde se lê o poema a seguir:

>   *mulheres varrem*
>   *mulheres varrem*
>   *mulheres varrem*
>   *shap shap shap shap shap*
>   *mulheres varrem*
>   *pelos tempos afora*
>   *mulheres varrem e choram*
>   *mulheres varrem as mágoas*
>   *mulheres shap shap shap*
>   *varrem os sonhos*
>   *varrem para debaixo do tapete*
>   *mulheres varrem e apanham*
>   *mulheres varrem e sonham*
>   *shap shap shap shap shap*
>   *meditação*
>   *shap shap shap shap shap*
>   *diálogo interno*
>   *mulheres varrem sem fim*
>   *bruxas usam vassouras*
>   *mulheres varrerão*
>   *mulheres varrem não*
>   *mulheres varrem o não*
>   *voarão*

(No verso do papel, alguma informação sobre o *grupelho* e seus contatos.)

Ação:

Na rua, mulheres varrem ao som do mar que vai e vem, há som de varrição gravado também. Há uma certa coreografia, um ritmo, um tom, elas andam e passam varrendo para lá e para cá, abrindo caminho, sem recolher, sem parar, vão abrindo caminho com suas vassouras e passam. Enquanto isso, alguém distribui para os transeuntes o papel com o poema e com os contatos do grupo no verso. Alguém, discretamente, fotografa.

Extervenção: Deita na copa

Material necessário:
- pessoas;

- último jogo da Copa Mundial de Futebol;
- rua movimentada;

Ação:

Pessoas se deitam no meio da rua no dia e hora do último jogo da Copa Mundial de Futebol. Espera-se que não passe carro algum. Alguém grava em vídeo, que será editado com a duração de três minutos.

Extervenção: Letras formam palavras

Material necessário:
- algumas pessoas;
- camisetas brancas com letras diversas estampadas, grandes, na frente e nas costas, sendo diferentes entre si, letras diversas;
- rua.

Ação:

O grupo, vestido com as camisetas, já tem ensaiadas algumas conformações em linha, para formar palavras e/ou frases. Posicionam-se de modo que os transeuntes possam ler. Ficam por um tempo e depois se movem, se viram, para formar outras palavras. Um ou mais integrantes do grupo se faz passar por um transeunte desconhecido, observa a cena e, em seguida, sugere nova posição dos corpos, para formar nova linha/palavra/frase. Diverte-se com aquilo, pede que espere até que possa tirar uma fotografia com seu celular, provoca outro transeunte para opinar e fazer o mesmo. Espera-se que algum desconhecido entre na ação.

A diferença entre o pregador e o louco

Há uma incômoda tensão entre sair na rua com uma ideia, querendo impor um significado e/ou sair na rua enxameando signos, com os quais os transeuntes possam se encontrar, possam ser afetados por eles ou não. Caso sejam, iniciam um processo de aprender, porque o signo inquietante moverá o pensamento, exigindo decifração. Essa busca de criar uma equação que sane o incômodo da necessidade de decifração é justamente o processo do aprender, pensamos, com inspiração em Deleuze e seu Proust.

Como agir nas extervenções de forma que estas não sejam imposição de significados é uma das questões mais importantes. Nas extervenções "Abra sua janela", e "Desligue a TV", por exemplo, há o uso do imperativo. Pergunto: para que mais um imperativo nesse mar de imperativos que nos afoga na sociedade de consumo e marketing: seja isso, coma aquilo, beba isso, pense, sinta, deseje!? Não, nada de imperativos (mudar isso). O que terá de mover as extervenções terão de ser as questões, trazidas do interior dos vazios, os *vacúolos de silêncio* (Deleuze), de onde possa brotar, talvez, algo a ser dito, mas esse dizer será do transeunte e não do *grupelho*, afinal, fala-se demais (Deleuze).

Não seremos nós, *grupelhos*, a sair na rua para falar mais do que já se fala entre os transeuntes faladores ilimitados.

O pregador prega para ninguém. Sua fala é entediante, toda a ênfase, que sai forçada por sua garganta, não tem a força para atravessar o espaço até chegar aos ouvidos de quem passa. É uma fala marcada: já se sabe o que se vai ouvir, então, se se presta atenção, é porque já havia o interesse prévio, se não se presta atenção, é porque já havia o desinteresse prévio. Nada é novo. Nem o que se diz, nem o que isto causa.

Já o louco é imprevisível. Sai na rua se agenciando de forma anárquica, sem governo de nada que não seja o próprio movimento que seu corpo faz em direção àquilo que lhe interessa. O louco-criança não tem pressupostos e não quer catequizar ninguém, pois não há verdades prévias a serem ensinadas. O aprender aqui se dá quando os signos que escapam de seus gestos afetam algum transeunte, o atravessam como flecha, mas, ao invés de o matarem, o potencializam para a vida, aumentam sua força de vida, dão alegria, movem, fazem pensar. Este é o sonho de uma extervenção.

As extervenções e o aprender

Naquele dia, saímos bem animados, estávamos em muitos e a extervenção era a "A vida passa". A gente estava na rua já há algum tempo com aquele coral parado cantando em *looping* "nada do que foi será, de novo, do jeito que já foi um dia, tudo passa, tudo sempre passará". Muitas pessoas passavam e olhavam sem sequer diminuir o passo. Pegavam o papel entregue a elas. Na frente estava escrito "Sua vida passará". Invariavelmente quando alguém recebia o papel, virava imediatamente para ver se havia algo no verso. E havia. Estava escrito:

> *grupelho. Grupo de estudos e ações em filosofia e educação. UFMG. Situado nos espaços entre filosofia, educação e arte, o grupo deseja produzir conhecimentos a partir das experimentações do pensamento, na sua multiplicidade. Trata-se de pensar com o corpo, na rua. Pensar diante da cidade, com a gente, que passa. Pensar é criar e esta criação é livre. Livrar-se do senso comum, livrar-se das formas preconcebidas de pensar, livrar-se das essências, dos métodos, dos universais, etc... Essa criação do pensamento como experimentação, é impulsionada por problemas, problemas que se impõem e obrigam o pensar a se mover. https://ufmggrupelho.wixsite.com/grupelho.*

Gravo imagens da extervenção no meu celular. No ponto de ônibus, várias senhoras estavam sentadas com aqueles papéis na mão. Uma delas estava de pé. Eu a reconheci porque já a vi – muito observadora –, antes, naquela manhã. Pensei rapidamente, meio sem pensar, no quanto o ônibus dela demorava, ela já estava parada ali, olhando, agora meio hipnotizada, fazia um bom tempo. Eu me aproximei para gravar imagens das mãos das mulheres e ela se aproximou: "*isso daí é o que, hein?*" Ela aponta com o queixo para o coral insistente. "*Ah, a senhora não recebeu o papel? Não leu atrás?*". "*Eu li. Mas não entendi*". "*Nós somos da universidade, sabe? E nós estamos fazendo essas ações que é para fazer as pessoas pensarem.*

Quando a senhora recebeu esse papel e leu 'sua vida passará', o que é que pensou?". "Ah... a vida passa, né?". "E quando a gente pensa que a vida passa, pensa em quê?". "Ah, pensa no que é que está fazendo na vida, né?". "Exatamente. É isso que queremos que as pessoas pensem, que pensem no tipo de vida que estão levando e vão vivendo, vivendo, mas pode ser que essa vida nem seja nossa, não é? Como fazer para levar uma vida autêntica?". Olhei para ela pela primeira vez. Já não estava mais com cara de "ué!?", abriu um sorriso (meio amarguinho), sorri também e me afastei.

Ela leu o papel e não entendeu nada. Claro! Que texto é aquele? O que está escrito ali é para quem ler? Não serviu de nada... – anoto isso mentalmente, importantíssimo, para mudar depois. Para que escrever se não for para ser entendido? Precisamos escrever outra coisa.

Fiquei grata àquela mulher. Achei uma sorte ela ter ficado tanto tempo observando e, principalmente, ter tido a disposição de vir perguntar. Ela tinha sido fisgada. Aquilo era interessante para ela. Ela foi afetada e precisava saber. (Quero acreditar que ela tenha deliberadamente perdido um ou dois ônibus que passaram naquele ponto, só para tentar decifrar aquela cena). O que aquela mulher aprendeu naquele dia? Aprendeu algo? Aprendeu que pessoas da universidade podem sair às ruas e fazer coisas como essas? Aprendeu que pessoas da universidade querem que a gente pense na vida? O que ela aprendeu? Aprendeu? Talvez não se trate tanto do que se poderia chamar de um conteúdo aprendido, mas do aprender. Verbo no infinitivo: aprender. É uma ação, um contínuo, sem sujeito, sem forma e conteúdo apartados. Estar atento ao vivo da vida, estar vivo, sentindo, com o corpo aberto para ser afetado pelos signos que se encontra, é aprender. É esse movimento de estranhar-se e diferenciar-se de si mesmo, conectar-se a uma coisa que antes não estava ali e que obriga tudo a rearranjar-se.

Meu questionamento constante sobre a validade dessas ações ainda me incomoda. Durante toda a manhã em que estivemos ali, apenas aquela mulher se interessou pela nossa extervenção, ao menos até onde pudemos perceber explicitamente. Está claro para nós que a intenção de afetar, por meio dessas ações, está ligada à questão do aprender: criar novas sensibilidades, gerar novas formas de perceber, engendrar possibilidades da magia do pensar sobre si, pensar sobre a vida na correria do cotidiano, gerar tropeções na cadência alucinada do dia a dia do trabalho, da mente ocupada com palavras de ordem, da vida toda tomada pelos mandos do capital; aspergir um pouco de caos, dar o que pensar, pensar de outras maneiras.

As pessoas passam rápido e mal nos olham. Elas se afetam? Se movem? Quantos segundos dura isso? Como poderia ser nossa ação para que isso fosse mais efetivo? Quais as flechas e como têm de ser lançadas, para que atinjam? *Os afectos atravessam o corpo como flechas, são armas de guerra* (Deleuze e Guattari).

Afectos, aprender e signos e ainda o pensamento

Primeiro o pensamento, ainda o pensamento.

Para entender essa insistência na relação entre aprender, afetar e signos, seria interessante, talvez, saber que Deleuze fez uma crítica direta a toda a tradição da filosofia ocidental a respeito de como esta entende o funcionamento do pensamento. Acontece que a filosofia convencionou que o pensamento é natural e que, para pensar, basta uma boa vontade do sujeito. *O erro da filosofia é pressupor em nós uma boa vontade de pensar, um desejo, um amor natural pela verdade. A filosofia atinge apenas verdades abstratas que não comprometem, nem perturbam* (Deleuze). Dessa ideia de que o pensamento é natural, decorre que, para a filosofia ocidental, pensar é a mesma coisa que conhecer; entende-se que o pensamento leva à criação de conhecimento, como se já houvesse a garantia da relação do pensamento com a verdade, algo que, em princípio, estaria fora dele. É certo que se sabe que a verdade é exterior ao pensamento, mas há um movimento de interiorização dessa relação, levando a crer que pensamento e verdade têm uma íntima relação, que têm uma relação natural. *Embora não saiba ainda o que é verdadeiro, o pensamento se sabe pelo menos dotado para buscá-lo, se sabe apto a priori a juntar-se novamente a ele* (Zourabichvili). Isto quer dizer que o "fora", como algo absolutamente alheio ao pensamento, externo a ele, *ex*tranho, outro (*hetero*), é, de certa forma, domesticado pelo pensamento, na medida em que este atribui, de antemão, uma forma a ele. Isso é o que Deleuze chamou de imagem dogmática do pensamento. *[U]ma imagem do pensamento que cobriria todo o pensamento* (Deleuze e Guattari), se cobre todo o pensamento, já não há mais fora. Assim, Deleuze critica as imagens do pensamento criadas por Platão, Descartes e Kant, que se tornam importantes – que fique explícito –, porque são assumidas como a forma oficial do pensar da civilização ocidental, são essas imagens do pensamento que condicionam a normalidade do pensamento. *O pensamento já seria por si mesmo conforme a um modelo emprestado do aparelho de Estado, e que lhe fixaria objetivos e caminhos, condutos, canais, órgãos, todo um* organom (Deleuze e Guattari).

Ao se entender dessa forma a relação entre pensamento e verdade – como íntima e natural –, envolvida em um processo supostamente garantido de criação de conhecimento, pode-se dizer que este seria, portanto, um *re*conhecimento. Ou seja, o pensar, nesse caso, não é criação de algo novo, mas um modo de reconhecer a verdade que já estaria lá, aguardando por ser revelada, ser tornada real. Esta é a crítica de Deleuze ao processo de conhecimento como recognição em Platão e em toda a filosofia que o sucede. Pressupõe-se um mundo verídico idêntico a si mesmo, transcendente, já que o pensamento dá, *a priori*, uma forma àquilo que ele ainda não conhece. O pensamento põe-se a pensar o que já tinha sido averiguado e passado pela seleção do Mesmo, tornando todo conhecimento um ato de reconhecimento. Dessa forma, o "fora" é aproximado a esse transcendente (re)conhecível, perdendo toda sua selvageria, sua imprevisibilidade, assim como, desse modo, se perde o pensamento como ato de criação.

Há ainda uma outra coisa que advém dessa relação promíscua entre pensamento e verdade, que é a crença na necessidade de fundamentos. A crítica de Deleuze aponta que a filosofia esteve sempre preocupada em determinar um ponto de partida para si, um começo, no qual ela se separaria daquilo que não pertence a ela. Para que ela possa determinar o começo do pensar filosófico, trata de demarcar radicalmente uma ruptura com aquilo que ela não é, a saber, a opinião, a *doxa*. Para Deleuze, contudo, um verdadeiro começo seria completamente desprovido de pressupostos. Para ele, o que a filosofia sempre fez foi pensar a partir de um princípio que ela mesma anuncia como primeiro. Quando a filosofia pensa um seu começo como fundamento, submete esse começo a um reconhecimento original que tem justamente a ver com a *doxa*, aquilo que ela pretende ultrapassar, mas que acaba por reconhecer e retomar. *O conceito de começo só envolve a unicidade com a condição de pressupor a identidade daquilo que se há de pensar* (Zourabichvili). Isto é, o pensamento assim colocado, como tendo um começo que o funda e o separa da *doxa*, tem sempre como referência a doxa e mantém sua ligação com a verdade como íntima e natural, já que, para sair da *doxa*, é preciso de antemão saber o que vai pensar, algo que não é *doxa*.

Ao contrário disso, para Deleuze, trata-se de afirmar a relação de absoluta exterioridade do pensamento com aquilo que ele pensa. Não há um começo definitivo; a cada vez que se pensa é preciso começar, não há, portanto, um fundamento para o pensamento. Assim sempre se começa do meio, não há começo e nem fim, tudo é meio. O mundo é absolutamente heterogêneo, diverso, mutante, trata-se de pensar cada singularidade como tal, sem pressupostos. O pensamento sem fundamento não está em ligação com algo transcendente e dado *a priori*, ele opera aqui e agora, ou seja, na imanência da vida que está se dando neste momento. *O que a filosofia acredita perder ao afirmar uma exterioridade radical talvez seja o que ela venha a ganhar verdadeiramente* (Zourabichvili). Ela ganha o fora e tem de lidar com ele. Ela ganha sua potência de criação. Desse modo, o pensar não é um ato voluntário de um sujeito que já é um ser pensante. O pensamento, para funcionar, não depende dele mesmo, mas de algo alheio a si.

Quando ele é entendido como tendo uma relação de aliança natural com a verdade, esta já está garantida, bastando apenas que se encontre um bom método para chegar a ela. *Um "método" é o espaço estriado da* cogitatio universalis, *e traça um caminho que deve ser seguido de um ponto a outro* (Deleuze e Guattari). No entanto, se o pensamento se põe a lidar com algo externo a si, imprevisível e imponderável, não há como estabelecer um método. *[A] forma de exterioridade situa o pensamento num espaço liso que ele deve ocupar sem poder medi-lo, e para o qual não há método possível, reprodução concebível* (Deleuze e Guattari). Resta ao pensamento movimento deambulatório na busca de elaborar problemas ao invés de procurar por essências. *Todo o pensamento é um devir, um duplo devir, em vez de ser o atributo de um Sujeito e a representação de um Todo* (Deleuze e Guattari). Devir é movimento.

O que dissemos na Introdução sobre *heterologias* – a partir de Foucault – seria uma forma de apontar, para o bem da filosofia, para o bem da vida, a necessidade do resgate da relação do pensamento com o fora. A palavra heterologia – hetero (outro) logia (*logos*, pensamento, discurso organizado) – remete à constante busca do pensamento em funcionar de forma sempre renovada. Quando ele abdica de uma forma prévia e englobante, tem de inventar formas de operar, sem garantias; seria aquilo que Deleuze afirma como *pensamento sem imagem*, sem pressupostos, sem estrutura, a ser criado em movimentos de experimentações. Quando o pensamento é tomado dessa forma, entende-se que não seja ele mesmo o responsável por ser colocado em funcionamento, que ele não depende de uma boa vontade do sujeito que já tem, por natureza, a possibilidade de pensar. Ora, se assim for, podemos perguntar: o que é, então, que coloca o pensamento a funcionar? O que é que faz com que o pensamento se atire ao imprevisível, desconhecido, imponderável? O que é que o instiga a buscar a verdade?

A verdade não é descoberta por afinidade, nem por boa vontade, ela se trai por signos involuntários (Deleuze). É o encontro imprevisível e inevitável com um signo que põe o pensamento a funcionar. Trata-se de buscar o sentido, torna-se imperioso decifrar, interpretar. *[É] absolutamente necessário que ele [o pensamento] nasça, por arrombamento, do fortuito do mundo. O que é primeiro no pensamento é o arrombamento, a violência, é o inimigo* (Deleuze). Sendo assim, também o aprender, para Deleuze, é uma questão de decifração de signos. Só se aprende quando se é afetado por algum signo que incita à decifração, que incomoda e obriga o pensamento a mover-se em busca de aplacar a perturbação. Como ele diz, quem busca a verdade é o ciumento. Ou seja, aquele que encontra algum indício, aquele que se desacomoda e quer saber, quer descobrir a verdade. *[A] verdade nunca é o produto de uma boa vontade prévia, mas o resultado de uma violência sobre o pensamento* [...] *Pois é precisamente o signo que é objeto de um encontro e é ele que exerce sobre nós a violência* (Deleuze).

Muito se usou, já, das ideias de Deleuze sobre nunca se saber como alguém aprende, que nunca se sabe quais os signos que atravessam aquele que aprende. Mas é necessário muito cuidado para não usar as ideias de um pensador libertário e nômade para arquitetar técnicas de captura. Explico. Muitas vezes, nas reflexões e ações em educação, se almeja criar condições para que determinado público aprenda, os estudantes, por exemplo. Muitas vezes, se objetiva instigar o interesse de outrem para o assunto a ser ensinado, um assunto determinado, com formas determinadas. Porém, muitas vezes, nessas intenções, há um temor em relação a qualquer coisa que escape dos planos de ensino, quando eventualmente estes consigam gerar o aprender. No entanto, esse temor e as ações que ele gera para modular o aprender dentro do canal do ensinar é exatamente o que faz com que se perca a oportunidade de fazer com que o aprender aconteça, pois se se pode planejar o ensinar, cada passo, cada movimento, toda a partitura, o roteiro, contudo o aprender escapa, o aprender é sempre escape. Ele é movimento de criação, é pensamento. Assim, não se pode ansiar que o aprender seja um movimento paralelo correspondente, diretamente proporcional, ao plano de ensino; se se forçar que assim seja, se estará formatando o informatável, matando-o. O aprender é explosão, é imprevisível, e passa por muitas dimensões de alguém, dimensões imponderáveis, seu corpo, suas emoções etc. Essa é a ideia de aprender presente nesta pesquisa, e foi assim inspirados que saímos às ruas para lançar nossos signos, desejando que eles afetassem as pessoas de modo a impulsionar o pensamento, porém sem qualquer intenção de pregar, de "levar uma mensagem", de "levar à consciência". Tratou-se de criar ações de extervenção que pudessem promover *a contingência de um encontro que força a pensar, a fim de erguer e estabelecer a necessidade absoluta de um ato de pensar, de uma paixão de pensar* (Deleuze). Afetar. *Os afectos atravessam o corpo como flechas, são armas de guerra* (Deleuze e Guattari). Sim, atravessam os corpos. O encontro com um signo enigmático arromba o pensamento e atravessa os corpos, indistintamente.

    O que passa pelas experiências, o que sente, o que pode se afetar é o corpo. As experimentações são possíveis através do corpo. [...] *o corpo, por si só, em virtude exclusivamente das leis da natureza, é capaz de muitas coisas que surpreendem a sua própria mente* (Spinoza). "O que pode o corpo?" é questão que Deleuze elabora a partir das ideias de Spinoza, que afirmou: *O fato é que ninguém determinou, até agora, o que pode o corpo, isto é, a experiência a ninguém ensinou, até agora, o que o corpo – exclusivamente pelas leis da natureza enquanto considerada apenas corporalmente, sem que seja determinado pela mente – pode e o que não pode fazer.*

Para Spinoza, o existir tem a ver com os afectos e as ideias. Segundo ele, os afectos são todos os modos de pensamento que não representam nada, não são representativos. Por exemplo, quando alguém deseja alguma coisa, deseja um objeto e sobre esse objeto pode-se ter uma representação, uma ideia. No entanto, sobre o próprio desejo, o ato de estar desejando aquilo, não há representação, não é uma ideia, esse modo de pensamento não representativo é o afecto. Ideia e afecto são duas espécies de modo de pensamento cujas naturezas são distintas, mas um não se reduz ao outro, não há uma hierarquia. O que se pode dizer é que todo afecto é antecedido por uma ideia, pois quando se deseja, ama, teme, tem aversão etc., é sempre sobre a ideia de uma coisa, por mais confusa e indefinida que seja, há que se ter uma ideia antes do afecto.

As ideias são representações de coisas e essa é sua realidade objetiva. No entanto, além desta, que é sua realidade extrínseca, a ideia tem também uma realidade intrínseca, formal. Quer dizer, a ideia é ela também algo, independentemente do objeto que ela representa e da relação de representação que mantém com o objeto. A sua realidade formal, intrínseca, faz com que a ideia seja ela própria uma coisa. A realidade formal da ideia é o que é afirmado por Spinoza como um certo grau de realidade ou de perfeição que toda ideia possui. Por exemplo, a ideia de Deus tem um grau de realidade ou de perfeição imensamente maior do que a ideia de cachorro, que é uma coisa finita.

Assim, o existir, para Spinoza, é um contínuo de ideias que se sucedem em nós. E, nas palavras de Deleuze, *de acordo com essa sucessão de idéias, nossa potência de agir ou nossa força de existir é aumentada ou é diminuída de uma maneira contínua, sobre uma linha contínua, e é isso que nós chamamos afecto [af-*

fectus], é isso que nós chamamos existir. O afecto é uma variação constante da força de existir de alguém, que pode ser mais alegre, quando a força de existir e a potência de agir aumentam, ou triste, quando diminuem. Desliza-se continuamente entre o aumento e a diminuição da força de existir, da potência de agir, conforme as ideias vão se sucedendo em nós. Note-se que não se trata de alguém "ter" uma ideia, mas as ideias vão se sucedendo nas pessoas, as ideias vão se sucedendo nos corpos.

Assim, à pergunta "O que pode um corpo?", a resposta seria: um corpo pode ser afetado. A vida de um corpo vai se constituindo ao longo de uma constante sequência de afetos, bons e ruins, que aumentam e diminuem a potência de agir ou força de existir, que deixam alegres e tristes, sucessivamente. Um corpo se define por aquilo que o afeta. Um corpo não se define por suas funções ou seus órgãos, mas direta e exclusivamente por aquilo que o afeta, seja de que modo for. São os afectos que constituem um corpo.

Nesta pesquisa, nós saímos às ruas convictos de que poderíamos enxamear signos que atravessassem os corpos e arrombassem o pensamento dos transeuntes na cidade, inventamos ações de extervenções para afetar, para impulsionar um aprender. E entendemos essas ações como resistência, afetar é resistir, dar uma porrada para tentar fazer funcionar o pensamento, outros modos de sentir e de perceber, transbordar o limite do Mesmo, do mundo único da manada abduzida pela modelagem e modulação do governo do Estado-empresa.

Que legal!

Em abril, para um evento de filosofia prática na Grécia,[4] nós fizemos um vídeo de 28 minutos sobre o trabalho do *grupelho* com as extervenções – falando o que é, o que se quer fazer, mostrando as tais fotos bonitas da gente na rua –, que preparamos muito às

---

[4] http://practphil-biennale.aegean.gr/.

pressas e atabalhoadamente, mas com muito capricho, considerando as circunstâncias. A partir daquele vídeo, editamos um outro, de cinco minutos, que fizemos para mostrar nos eventos. Esse vídeo viajou muito. Foi para o evento *Pensar de Otro Modo*, em Bogotá,[5] para a *Deleuze Conference*, em Campinas,[6] para um evento de dança no MAR,[7] no Rio de Janeiro. Aquele pequeno vídeo, em todo esse percurso, sofreu a violência de uma unanimidade: que legal! Tudo que recebemos, aqui e acolá, foi: que legal. Eu pensava "ah, que legal" ... e já começava a sentir um confuso mal-estar do vazio dessas exclamações. "*Puxa, muito legal o seu trabalho*", "*Nossa, que legal!*". Legal, legal, que legal, que legal, muito legal.

O "que legal" vinha acompanhado de um ponto de exclamação, um sorriso. Tudo aquilo era muito simpático, parecia muito receptivo, mas era um ponto-final. Não havia nada a ser dito depois dessa exclamação. Foram raros os colegas que disseram algo, qualquer coisa, depois do contato com a ideia da pesquisa. A impossibilidade de diálogo começou a me oprimir. O que estaria acontecendo? Por que a reação à ideia da pesquisa, de forma geral, era a de não saber o que dizer? Que legal, que legal, que legal, que legal. A ausência de pensamento, sorrateira, também entrou na academia? Ninguém busca mais saber de nada? Buscar entender o que está ali, as relações, pensar em de onde surgiu e para onde pode ir, pensar. Pensar, porra. Que legal, que legal, que legal. O que é 'que legal'? Pode ser uma espécie de cala a boca. Não há mais energia para problematização? Quando essa ideia, que não é comum – fazer filosofia com o corpo, na rua – é exposta, não encontra nada nos ouvintes, com o que possa se conectar? Por que uma ideia inusitada incomoda? Dá muito trabalho pensar? Já estamos muito adiantados na carreira para nos entusiasmar? Ou

---

[5] http://www.uptc.edu.co/eventos/2018/cf/foucault/inf_general/index.html.

[6] https://www.fe.unicamp.br/eventos/internationaldeleuze2018/eng.html.

[7] https://labcritica.com.br/trans-in-corporados2018/.

mesmo contestar, questionar? O "que legal" me levou gentilmente para um vácuo, lugar sem som, sem mais ninguém.

Gosto muito de trabalhar em grupo, ir compondo ideias, me inspirando, acoplar, roubar, doar, transformar, mas isso só é possível se as pessoas se expressam, se se arriscam a pensar. Do "que legal" não pode sair nada além de um ponto-final e uma enorme solidão.

As impossibilidades e... tente outra vez

Muitas vezes a gente saiu nas ruas e fez as extervenções. Algumas nós repetimos em lugares diferentes.

Todas as vezes que acabávamos nossa ação, nos sentávamos em um café, para dizermos uns para os outros como é que tinha sido. Sempre estávamos exaustos e um pouco atordoados. Trocamos muitas ideias, reformulamos algumas dessas ações na tentativa de contornar os problemas encontrados. Analisamos e revimos o que pudemos.

Como essas ações foram feitas na região central da cidade, muitas vezes eu saía desses encontros a pé. Das últimas vezes, saí andando sozinha, rápido, para me cansar, na tentativa de gastar uma sensação desagradável, que eu ia remoendo passo a passo, tentava amenizar um contundente mal-estar advindo da constatação da invariável falta de impacto que nossas ações causavam nas ruas. A verdade é que a pesquisa estava indo mal. Eu pensava e repensava, lia. A gente discutia, reinventava, mas não conseguia perceber, nem de leve, se nossas ações estavam provocando o pensamento dos transeuntes na rua, os passantes, apressados. E este era o nosso objetivo: provocar o pensamento para que se movesse.

Eu me dizia, estamos errando em algo, mas se erramos é porque estamos tentando, estamos experimentando, ora atiramos para tudo que é lado, ora escolhemos e atiramos para um lado, estamos tentando achar uma resposta, estamos tentando criar alguma coisa para lidar com o problema que se impôs a nós. Dessa forma erramos e retomamos, tentamos outra vez, encontramos algo e o enlaçamos, estávamos no movimento, criamos algo nos agarrando com as unhas nas pedras das incertezas das verdades, encontramos mais algo e o incorporamos, nesse corpo-buscar, e mais outro, nos atamos aqui e ali e seguimos, nada garante, mas seguimos, porque de outro modo não poderia ser, pensamos e seguimos tentando, tínhamos de seguir. A gente estava tentando outra vez muitas vezes já.

A primeira vez que fizemos "Como é sua dança?", a coisa foi um fiasco por quase uma hora, mesmo a gente combinando novas táticas, durante o processo, até que desistimos e fomos buscar uma mesa onde sentar para falar sobre essa manhã cheia de esforço, quando, do nada, no nosso caminho tinha um bando de adolescentes, que, à pergunta como é sua dança, começaram a dançar e cantar e dançar. Nem conseguimos fotografar, de tão dentro que todos estavam dessa dança.

Não podemos nos enganar, tínhamos feito um pacto desde o primeiro dia: não vamos fingir que tudo foi lindo. Isso seria fácil. A gente tira fotos e as legenda como quiser, a gente grava e edita o que gravou de forma a parecer o que se quiser, coloca uma música, frases de efeito. É fácil fazer isso. Poderíamos fazer um livro inteiro com as lindas fotos que tiramos de nós mesmos.

Da segunda vez que fizemos essa mesma extervenção, seguindo tudo o que achávamos que deveríamos reformar no modo de fazer, a dificuldade que é tocar algum corpo apressado na rua continuou sendo evidente. Tiramos muitas fotos bonitas. Espontaneamente a Gláucia suspirou depois e disse: olhando as fotos, parece que foi uma maravilha, um grande acontecimento, mas quem estava lá sabe, que dureza, não vivemos isso que as fotos mostram. E foi assim que combinamos de não nos enganar. Tem de ser de verdade.

Não é para mostrar resultados positivos de uma pesquisa que estamos aqui, na rua. Não. Tem de ser de verdade, tudo. Nossas frustrações, nossos nós todos, os teóricos, todos, todas as dificuldades etc. Não é verdade que dá tudo sempre certo em uma pesquisa. Não é verdade que dá certo. O que é dar certo? Conseguir alcançar – mesmo forçadamente –, o que se planejou antes? Ora, se já se sabe de antemão onde é que vai dar, para que ir? Não é verdade que não se tenha que estar o tempo todo redimensionando, redirecionando, se perdendo, arriscando, inventando outras táticas, repensando estratégias, se cansando, se perdendo, seguindo, seguindo, anota tudo, não deixe de dormir por causa disso, é assim mesmo. Assim, continuamos com nossas experimentações.

Experimentações não são experimentos. Quando se faz experimentos basicamente se controlam as condições da ação, temperatura e pressão, por exemplo. Deseja-se repetir o mesmo. A ideia é retirar uma lei universal a partir dessas repetições, reter aquilo que não varia e afirmar isto como característica universal. Quando se trata de experimentações, no entanto, as repetições servem para fazer transbordar, servem para fazer diferente, para gerar diferença. Nada é idêntico a si mesmo quando submetido uma outra vez ao mesmo movimento, que por sua vez não será também o mesmo. As repetições afirmam as singularidades. Walter Benjamin escreve sobre a perda da aura da obra de arte quando submetida à reprodução técnica, em série, por meio de uma matriz. Não se enquadra nesse processo a repetição de uma obra de arte, por meio de uma perfeita "falsificação", por exemplo. Repetição não é reprodução. Van Gogh repetiu aqueles girassóis muitas vezes... a vida se repete e isso é necessário. Quando a vida fica sendo reproduzida, ah, aí sim, isso pode ser terrível.

    Muito bem, saímos na rua e repetimos essa coisa, repetimos, repetimos e oh! Nada acontece? Qual a validade desses gestos, se não podemos perceber que tocamos alguém? Tem de ser válido? Como ponderar os efeitos de nossas ações? Corpos apressados, corpos apressados, olhos nos telefones celulares, corpos falantes bláblábá, corpos fechados. Nós ficamos animados, nos divertimos ao fazermos as extervenções, mas será só isso? Não pode ser. Me parecia que já tinha dado certo em outras ocasiões.

Em 1979, com dezessete anos, quando eu saía com o GEX-TU[8] para nossas intervenções urbanas, eu achava que estava mudando o mundo, na hora. Ditadura militar, invadíamos barzinhos cafonas-chique, na Avenida Henrique Schaumann, em São Paulo, vestidas de camisola, sonâmbulas, "Acordem!". Quando a gente saía, deixava um cartaz pregado e sentia que a vida tinha mudado. Participamos de eventos que compuseram a preparação e do próprio *Evento Fim de Década*, acompanhando outros grupos, o *Viajou sem Passaporte* e o *3Nós3*, na Praça da Sé, aquilo nos parecia tremendo, uma revolução. Parecemos muito bem nas fotos. Um dos integrantes/mentores do *Viajou sem Passaporte*, Roberto Melo, em uma entrevista (Bertucci), sobre uma das ações que antecederam o *Evento Fim de Década*, afirma: *A gente achava que isso era genial, e que íamos levar público para o evento na Praça da Sé! Mas, na verdade, ninguém entendia nada!*

Qual o sentido de ações espetaculares sobre as quais "ninguém entende nada"? Vamos para as ruas e fazemos coisas, estrondosas, agitamos nossos corpos de formas estranhas, mas ninguém se detém para ver, não há exclamações, pior: não há perguntas. Cidades são rápidas, rapidez, muita rapidez na inércia, muita rapidez na ausência absoluta de velocidade, correm, mexem-se apressadamente, percorrendo extensões pela cidade. A velocidade absoluta, por sua vez, pode se dar sem movimento, viajar sem sair do lugar, nomadismo no mesmo lugar: para pensar não é necessário o deslocamento. O pensamento é intensidade e este esteve bastante difícil de ser provocado nos corpos fechados, sem tempo, corredores ilimitados.

Quanto ao que o movimento dos situacionistas pensava em relação à cidade, ao construírem situações para serem perfor-

---

[8] Grupo Experimental de Teatro Universitário (Gisele Jacon, Alan Dubner e eu).

madas nas ruas, era a de que conseguiriam uma *transformação revolucionária da vida cotidiana* (Jacques). Tratava-se de atravessar a fronteira do cotidiano, que é lugar de nascimento da alienação, mas que, ao mesmo tempo, pode ser onde nasce a participação. Ao elaborar sua teoria urbana crítica e por meio de suas ações, esse movimento tinha como objetivo *uma revolução cultural que se daria pela ideia de criação global da existência contra a banalidade do cotidiano* (Jacques). Criação global da existência contra a banalidade do cotidiano. Participação contra alienação. Criação de novos modos de vida contra a captura da vida. Pensamento contra a reprodução, a besteira. Mas como vencer esse combate? Pois o pensamento se tornou algo muito raro, muito raro.

Corpos obesos e anoréxicos, corpos correndo parados nas academias de ginástica, corpos parados, sentados nos automóveis presos no congestionamento do trânsito, corpos que falam ao celular, que falam sem parar, corpos insones, corpos precarizados, corpos doentes, corpos sentados nas cadeiras das baias das repartições/empresas, corpos apressados nas suas rotas, linhas retas da produção, que não podem parar, corpos distraídos, corpos faladores ilimitados, corpos apertados no transporte público, que cochilam em pé, exaustos, corpos que consomem, corpos que não têm tempo para defecar, iogurte-laxante, corpos deprimidos, corpos em pânico, corpos que não aguentam mais, medicamento tarja preta. Espécie de contemporaneidade videogame, em que o que importa é passar para a próxima fase, e a seguinte, e a outra, obsessivamente seguir adiante, ir para a frente, ir para a frente; o hamster na gaiola corre, alucinado, disciplinado, em sua rodinha que não sai do lugar, seu corpo exausto de gerar energia para seguir adiante, sem sair do lugar, dentro da gaiola, o hamster exausto corre.

Há um excesso de informação que nos deixa cegos e surdos. Excesso de informação que não se consegue processar. Nesse *semiocapitalismo* (Virtanen), que jorra significados prontos para consumo, nesse que, mais do que uma forma de produção, é a produção de uma forma (Virtanen), memes, jargões, palavras de ordem, *emojis*, comunicação eletrônica imediata, a busca de sentido é escassa. Tudo simples, enviar e reenviar um bláblá, busca de emoção, na busca de se sentir vivo, aumenta-se a dose, cada vez é necessário uma dose maior, para causar o efeito vida, uma dose maior de imagens de violência, e da própria violência, vida crua, vida tiro na cara, vida salve-se quem puder.

Pressa, muita pressa, o coelho da Alice, o infeliz, virou o imperador do ritmo do mundo, nos açoitando para remar mais rápido, mais rápido, aos estalidos dos chicotes, galera. Que pensar que nada, abra a boca, hambúrguer molinho, mal é necessário mastigar, coma de pé, engula com um ácido doce, muito doce, para esquecer, esquecer o quê? Não pergunte, corra, ansiedade, não pense, pânico, corra, depressão, corra, corra.

Informação e rapidez, informação e rapidez, informação e rapidez. Comunique-se, fale ilimitado, corra. Pensar é humano. Não há mais tempo, você não entende isso? Corra. Não há mais tempo para pensar, procurar criar sentido para a vida, não há tempo a se perder com essas inutilidades, comunique-se, esqueça. Esqueça quem você é. Não há mais tempo para a criação de sentido. Não há mais sentido no pensar.

Nós saímos às ruas, trupe de filósofos meio artistas, meio loucos, queríamos confabular com a cidade, fizemos movimentos mirabolantes e nada aconteceu. Nossas ações na rua, nossas extervenções, não faziam com que estivéssemos provocando o pensamento; não conseguíamos afetar os corpos, não conseguíamos perceber, ao menos. O corpo apressado na cidade já não pode mais nada?

Era preciso pensar em outros modos, outro tipo de ação, outras formas de entrar na cidade.

A cidade

A cidade estava aberta; andávamos por ali, fizemos muitas extervenções, mas ao mesmo tempo a sentíamos impenetrável, não se afetava com nossos signos.

O geógrafo brasileiro Jailson de Sousa e Silva afirma que só haverá cidade quando todos experimentarem a *urbe* e a *polis*. Esses dois termos de origem latina e grega, respectivamente, são usados, geralmente, de forma indistinta. No entanto, segundo esse pensador, fazer essa distinção pode ajudar a compreender as cidades contemporâneas e consequentemente o lugar das favelas/periferias nelas. Assim, urbe seria a estrutura física de serviços básicos de saneamento, os equipamentos, iluminação, asfalto, serviços públicos de saúde, cultura e lazer, transporte etc., e sabemos que, na tradição brasileira, os governos investem nesse aparato para as classes privilegiadas. No entanto, a cidade não é feita só da sua estrutura material, mas também de suas relações, ações comuns no espaço público, solidariedade, relações comunitárias. Isso, para o autor, seria a *polis*. Dessa forma, percebe-se que a vivência de cidade da população que tem acesso aos bens (públicos) da cidade é bastante distinta daquela da população subalternizada. Sua tese é a de que, para que haja uma cidade plena, é necessário que *urbe* e *polis* sejam vividas pela totalidade de sua população, e para isso é necessário que se reconheça a contribuição que as favelas e periferias têm a oferecer. Faz-se necessária a *construção de novas formas de mobilidade no mundo social: física, econômica, cultural e, sobretudo, simbólica: o direito de todas as pessoas se sentirem pertencentes à cidade* (Silva).

Seguindo essa ideia, nos perguntamos: em que cidade nós estivemos esse tempo todo? Nós fizemos nossas ações sempre no centro, em três ou quatro lugares diferentes. Às quartas-feiras de manhã. O fato de estarmos nesse espaço central, com muita gente circulando, gente de muitos tipos, nos dava a ilusão de estarmos no "coração" da cidade. Mas, ora, por que deveríamos estar aí e não em outra parte? Tínhamos planejado ações na favela, mas não as realizamos. Tínhamos pensado em fazer alguma extervenção na Praça da Liberdade, que é frequentada por outro tipo de pessoas. Mas não fizemos. Eu não queria tentar a mesma ação em espaços diferentes, para comparar. Esse processo científico demais me causa aversão. Eu estava jogando o *grupelho* no meio da rua, na intenção de misturar nossos corpos aleatoriamente, a ideia era a de sermos vetor de signos em profusão, para afetar. Quando isso foi se mostrando ineficiente, não pensei que a mudança de lugar seria uma solução. O que estava faltando era encontrar a *polis* de Belo Horizonte, encontrar uma forma para que nossas extervenções fossem parte das relações e das práticas comuns nas ruas, no espaço público. Porém, comum com quem? Como deixarmos de ser fantasmas, como vínhamos sendo, e nos agenciarmos com alguém? Com quem? Quando fomos desanimando das extervenções, já sentíamos ao mesmo tempo comichão por outras coisas, outras, mesmo sem ainda saber quais.

Mudança de tática

Conviver de forma afetiva com pessoas mais moças, muitas vezes muito mais moças, faz com que não se fique tão velha, fechada, fora do mundo, do que está acontecendo hoje – as gírias, os modos de se relacionar etc.

O Neilton me marcou no Facebook, no evento do *Slam* Avoa Amor. Achei interessante, não estaria na cidade na data, mas fiquei com aquilo na cabeça. Não sabia ao certo o que era *slam*, botei um bilhete: investigar *slam*. Depois, o Wagner me chamou para ir ao Sarau Comum, não fui porque estava muito cansada. Mas aproveitei para, deitada na cama, com um desses aparelhos de conexão com o mundo, investigar o que é ao certo isso de *slam*. O que quer dizer essa palavra? De onde surgiu esse movimento? Etc.

Achei várias matérias[9] sobre isso e muitos vídeos no Youtube. Uma competição de poesias aberta à participação de qualquer um, em um canto, nas ruas da cidade. Cada participante leva três poesias autorais, de três minutos, no máximo, sem cenários, qualquer adereço ou música. Performar poesias. No público, há o júri, montado na hora do encontro, tabuletas com notas numéricas são erguidas, espontaneamente, após as declamações. Alguém fica responsável pela contagem e soma das notas. Há alguém que apresenta, anima, dá o tom. Tudo muito simples, direto, democrático, colaborativo. O prêmio para o vencedor das três etapas (por isso levar três poemas) é um juntado de coisas que o público mesmo doa, uma paçoca, um batom usado etc.

As reportagens que li dizem que isso foi coisa inventada no Estados Unidos, mas que já está muito forte como movimento social artístico no Brasil há tempos. Tem alguns *slams* que já são bem conhecidos, juntando muita gente. Fiquei encantada. Trata-se de uma manifestação nas ruas, das ruas. Nos vídeos a que assisti, eram, em sua maioria, falas de contestação, de crítica, de denúncia. As minorias ao microfone. Tudo muito intenso. Percebi também que, de certa forma, esse movimento já foi capturado, pois o Sesc, no Brasil todo, promove competições estaduais e depois uma nacional, com o intuito de selecionar um participante para competições mundiais. Há isso, mas também há ainda, e principalmente, aquelas tantas debaixo do viaduto, no meio da praça, num beco, sexta à noite, com uns vinte humanos se expressando entre si, microrrevoluções.

Quem sabe a gente não inventa, também nós, clareiras na cidade onde se possa jogar filosofia, lamentar filosofia, namorar filosofia, o que é filosofia? Praticar filosofia, venha fazer filosofia! Fazer um *slam* de filosofia. Será que isso funciona?

---

[9] *Cf.* https://www.nexojornal.com.br/expresso/2016/12/20/O-que-s%C3%A3o-*slams*-e-como- eles-est%C3%A3o-popularizando-a-poesia.

Mas, se a gente armar essa clareira-*slam* de filosofia, não seria apenas um bláblá filosofoide? Pode não ser. É preciso pensar em uma forma. Pode ser inspiração, afetação, pode ser um lugar de acontecimento, provocar uma sua primeira dimensão que se dá na linguagem. Seria algo para atiçar o pensamento, espaço para enunciação coletiva, isto seria o ideal. Inventar na cidade um espaço de enxameamento de signos que, espera-se, cravem nos corpos, como flechas, e os façam agir, agir de outras maneiras. "Alienação *versus* participação", dos Situacionistas.

Fiquei animadíssima, pensei que tinha encontrado uma saída para a pesquisa. Havia aquela ideia de fazer extervenções na favela. Havia aquela ideia de fazer "aulas" de filosofia na rua, na praça, na praça da favela. A ideia de performar textos filosóficos... Poderíamos juntar tudo isso e fazer *slam*. Sonhava.

SLAM

Slam de Filosofia Porrada no Pensamento

Slam! Pláu! Bater a porta com força, ruidosamente, é isso que quer dizer essa palavra, uma onomatopeia. Bater a porta, intencional e explicitamente, para ir embora; fechar, mudar. Demonstração de discordância, crítica: *slam*!

Fiquei pensando em como fazer, tinha encontrado uma nova tática, tinha de pensar bem em como fazer. Pensei em várias coisas, para levar a proposta para o *grupelho*. Teríamos de criar um evento no Facebook (tenho tanta aversão a isso, tanta vontade de não reproduzir isso, mas não há como escapar se queremos fazer uma divulgação ampla). Temos de criar um cartazinho e mandar pelo WhatsApp, divulgar amplamente, dia, hora e lugar, enviar para muita gente.

Teria que ter um disparador. Um disparador para fazer com que o que fosse acontecer ao menos partisse de algo filosófico. Uma citação, talvez. Uma citação que deveria ser filosofada em 3 minutos, plaquetas com notas, júri se monta lá na hora, como nos *slams* de poesia, mas também pode ter tabuletas de "por quê?", que as pessoas podem levantar e usar, quando acharem necessário. O disparador poderia ser também uma extervenção, lá, na hora, uma extervenção que tivesse a ver com a citação, para fazer aquelas palavras entrarem nos corpos por outras vias. Não, plaquetas com notas numéricas não, nada desse aparato escolar; plaquetas com exclamações, plaquetas em branco, para o público preencher na hora. De prêmio? Livros, sempre os livros.

Esse nome, *slam*, ainda tem de mudar, talvez, mudar para uma coisa brasileira e filosofia também pode mudar para pensamento. Porrada no pensamento. É isso. *Slam* de Filosofia Porrada no Pensamento!

Nos *slams* de poesia eles se dizem poetas urbanos. Encontro da palavra contra o silenciamento. Dizem coisas como: cada coração de *slammer* é um quilombo pulsante.

Nós podemos dizer: filósofos urbanos, encontro no pensamento, filosofia para qualquer um, contra a imbecilidade, qualquer um pode pensar.

Vamos fazer *slam* de filosofia, todos concordaram. Mas como? Decidimos:

1. Criar evento no Facebook, criar cartazinho e mandar pelo WhatsApp, divulgar muito;

2. O disparador para fazer que a coisa ao menos parta de algo filosófico será uma citação, ou mais de uma. Uma citação para ser filosofada em 3 minutos. Cada rodada terá um tema. O do primeiro será: o humano. Os outros nós decidiremos, conforme sentirmos, a partir do que acontecer no primeiro;

3. Ao invés de plaquetas com notas, como nos *slams* de poesia, fazer plaquetas dupla-face que expressem o interesse ou desinteresse: relevante/irrelevante, afetou/caguei, me move/não ligo, faz pensar/tô nem aí. O júri será mesmo montado na hora.

4. Tem de ser competição? Tem de ser competição, dizem que é isso que faz com que *slammers* se sintam interessados. Mas se a gente não vai dar nota, depois de uma rodada a gente submete à aclamação dos presentes e dá um prêmio para o vencedor. Faremos 2ª e 3ª fases, com os finalistas de cada uma, algo como um campeonato, como nos *slams* de poesia.

Vamos tirar fotos, gravar partes, para postar depois na página do Facebook. Decididas as datas: 28/09, 19/10 e 30/11. E o local: Rua da Bahia com Rua dos Guajajaras. Monumento Rômulo Paes "Minha vida é esta, subir Bahia e descer Floresta".[10]

---

[10] https://www.facebook.com/*Slam*-Porrada-no-Pensamento-105762917024277.

O Facebook e as sociedades de controle

Estava me incomodando a ideia de fazermos um perfil do nosso *slam* no Facebook, pois que fique explícito desde o princípio: Facebook é uma empresa privada. É a maior rede social virtual do planeta, com mais de 1 bilhão de usuários e faz parte de um conglomerado empresarial com WhatsApp e Instagram – mais bilhões e bilhões de pessoas.

Me incomoda severamente que esse mundo paralelo, do Facebook especificamente, seja habitado por tantas pessoas, como se isso fosse uma coisa natural. A "vida" nessa rede social virtual é assumida sem qualquer crítica ou proteção. Hoje, essa grande empresa, tão fluida, já se infiltrou por todas as partes. Por exemplo, *sites* de compras oferecem ao usuário/consumidor a possibilidade de se cadastrar via perfil do Facebook, sem a necessidade do cadastramento próprio da empresa, pressupondo que, obviamente, a pessoa tenha um perfil no Facebook e também que não haja qualquer problema no compartilhamento de suas informações, inclusive da lista de contatos, o que cria uma grande rede de captura de novos consumidores. Mercado de dados pessoais.

Mais grave é quando isso acontece com uma instituição de serviço público, uma concessionária de telefone, ou água, por exemplo. É impressionante como, em poucos anos – uma década e meia –, o planeta foi sendo englobado por essa empresa privada que acumula informações pessoais de bilhões e bilhões de pessoas, informações institucionais, legais, informais, íntimas, todas doadas desatentamente e/ou com paixão.

Ainda mais grave – sim, pode piorar – é verificar essa mesma doação por parte da universidade pública e gratuita que ainda temos no Brasil. Grupos de estudos, eventos etc. É inegável que tudo ficou mais fácil de ser compartilhado e essa se tornou a forma mais acessível e eficiente de troca de informações e divul-

Fazer filosofia com o corpo na rua ○ 99

gação, configurando-se em um mundo paralelo, mas imagine o poder que foi concedido a essa empresa privada!

Essa enorme quantidade de pessoas fazem um perfil no Facebook não porque sejam coagidas a isso ou por estarem sob efeito de qualquer violência, mas o fazem voluntariamente e é dessa mesma forma que baixam os aplicativos de comunicação. Dispositivos de exposição de si, espetáculo. Dispositivos de criação de realidades selecionadas, retocadas, maquiadas, quase fictícias. Dados, bilhões de dados sobre tudo e todos, entregues espontaneamente.

Em 1990, em um pequeno artigo para a revista *L'Autre Journal*, Deleuze dá nome a algo que estava surgindo e que, ele mesmo diz, Foucault já havia mencionado, que são as sociedades que se instalam a partir das sociedades disciplinares e sobrepostas a estas: as sociedades de controle. Enquanto que nas disciplinas o sujeito é moldado, no controle há modulação. O controle opera não mais por confinamento, como nas sociedades disciplinares, mas pela comunicação instantânea, midiatizada, mediada pelas mídias de comunicação, pela colaboração entre os cérebros realizada por controle remoto. *Nas sociedades de controle, as relações de poder se expressam pela ação a distância de uma mente sobre a outra, pela capacidade de afetar e ser afetado dos cérebros, midiatizada e enriquecida pela tecnologia* (Lazzarato). A "vida" nas redes virtuais é combustível para o controle; a comunicação imediata e ininterrupta não é propriamente livre, é instrumento da criação de ideias públicas, de modos de ver e se posicionar no mundo. *No capitalismo pós-industrial, os próprios homens são peças constitutivas da máquina e não seus meros usuários; são partes de uma engrenagem de circulação de informação e extração do conhecimento. As máquinas da informática e os computadores não são apenas evoluções tecnológicas, mas operam uma mutação no capitalismo. Na sociedade de controle, as subjetividades que privilegiam os corpos disciplinados são pre-*

teridas por formas de subjetividades que destacam a versatilidade criativa, a inteligência e as habilidades de comunicação (Tótora).

Comunicação: Facebook, WhatsApp, Instagram, Tinder, Twitter, LinkedIn etc., *sites* e aplicativos para se encontrar parceiros afetivos e/ou sexuais: ambientes de relações humanas. Google, deus-Google, buscador e achador, aquele que tudo sabe nesse universo das relações humanas mediatizadas, universo finito e de propriedade de outrem, com linguagem própria inacessível à quase totalidade daqueles que ali circulam e depositam suas vidas, reféns.

Há um romance de ficção científica, que no Brasil foi, a meu ver, equivocadamente traduzido por *Nevasca*, mas que originalmente se chamava *Snow Crash* – nome que se dá para aquela tela de chiado coberta com inúmeras partículas cinza que tremem, quando uma televisão não está sintonizada em algum canal. Trata-se de uma complexa história, mas, resumidissimamente, pode-se dizer que é a história de um programador/*hacker* que é contratado para descobrir o que está por trás dos estranhos acontecimentos sucessivos de programadores que estão caindo em estado vegetativo ao mesmo tempo que seus computadores entram em *snow crash*. Ambos, computador e programadores, estão sendo acometidos por um vírus que os deixa inertes. O vírus é passado para os humanos por meio de seu avatar – uma identidade fictícia – no *Metaverso*. O Metaverso, nesse romance, é um universo criado por computadores, em imagem 3D, que se vê por meio de óculos especiais, com trilha sonora, e no qual cada um tem um avatar de si que ali "vive" as mais diversas situações, de forma análoga ao que se vive na Realidade. Quando Hiro, o personagem principal, ou qualquer outro, coloca esses óculos, passa a estar em outro mundo.

Esse outro universo não é propriamente um uni-verso, não é multi-verso, mas um meta-verso. *Metá*, do grego "além de", "para além de", exprime ideia de transcendência e – por significar deslocamento –, dá margem à possibilidade de uma utopia, um lugar onde se pudesse fazer coisas que não se consegue na realidade. Ora, é nesse Metaverso que os avatares dos programadores estão, em bares e festas, encontrando uma irresistível mulher que oferece um *drink* azul, o qual, ao ser bebido, causa o *snow crash* no computador do programador e nele mesmo, humano, na Realidade, simultaneamente. Este romance foi escrito em 1992, nessa época mal se tinha computadores pessoais em casa, em larga escala, como hoje; não existia o Google e nenhum desses *sites* aos quais nos referimos anteriormente, não existia rede de telefonia celular popularizada como hoje e menos ainda os *smartphones*. Quando li esse romance dez anos atrás, fiquei impressionada e gostei muito, mas não conseguia perceber na minha realidade essa ligação direta entre o corpo do computador e o meu, temia o dia em que isso pudesse acontecer. No entanto, hoje, penso que podemos ver essa ligação direta, e o que acontece nesses corpos. *Sites* de relacionamento não são apenas lugares onde se buscam coisas, referências, para serem encontradas e vividas na vida real, são um lugar onde se pode propriamente viver coisas, sem correspondência necessária com a realidade física. No entanto, o "avatar" que vive as coisas ali tem correspondência direta e necessária com o corpo diante da tela, de maneira que o que se passa em um, de certa forma também se passa no outro e vice-versa. Assim, é possível atingir o corpo humano diante da tela por meio daquilo que se passa além, no metaverso. E esse metaverso tem dono, é uma empresa privada, por isso seu modo de funcionamento e consequente possibilidade de ali deliberar, acrescentar e apagar é exclusivo de seus donos. O usuário, usa. Usa e é usado.

 Por isso fiquei muito contrariada quando uma participante do *grupelho*, há anos, criou um perfil do grupo no Facebook sem me consultar. Ele ainda está lá, eu mesma algumas vezes postei alguma coisa ali. Mas não gosto. Compreendo que a dificuldade em fazer um *site* é um fator determinante para se usar o Facebook como lugar de disseminação de ideias e divulgação de eventos, mas é uma arapuca.

É necessário ser um ratão esperto para entrar na armadilha, tirar o pedaço de queijo e sair ileso. Poucos o são. (Não estou afirmando que eu seja, mas tento).

As sociedades de controle que vêm se sobrepor às sociedades de disciplina operam de forma muito menos explícita e muito mais fluida, e o seu maior aliado, imperceptível às suas vítimas, é o capitalismo, que a esta altura se desenvolveu a ponto de ter capturado o desejo (Deleuze e Guattari). O desejo que, em princípio, seria a coisa primeira e original, imprevisível e inescrutável, jorro de potência de vida, busca de criação, é voltado para a produção capitalista, ele passa agora a ser modulado pelo capitalismo, este que, com muita rapidez, traz significado para tudo. O desejo passa a ser falta, sensação de vazio, poço sem fundo que precisa ser preenchido para trazer felicidade e não há consumo suficiente para saciá-lo, pois quanto mais se consome, mais se deseja. Os instrumentos de controle são investidos pelo desejo e os modos de vida modulados passam a ser vistos e sentidos como liberdade.

Com as nossas extervenções e *slams* pretendemos provocar outras formas de pensar, de perceber e de sentir, causar atritos que faísquem possibilidades de outras formas de subjetividade. Tratou-se de *suscitar acontecimentos, mesmo pequenos, que escapem ao controle, ou engendrar novos espaços-tempos, mesmo de superfície ou volume reduzidos* (Deleuze), como forma de resistência. E usamos como meio de divulgação o Facebook e o WhatsApp, usamos quem nos usa, usamos esses meios para promover eventos que tinham intenções contrárias ao controle, à reprodução de ideias-memes; entramos nesse metaverso para chamar para a vida física e suas exigências de reação em tempo real, de posicionamento diante de acontecimentos.

Está nítido para nós, cada dia mais, que a resistência à tecnopolítica é uma tarefa árdua. Depois do escândalo da Cambridge Analytica, envolvendo o Facebook, ficou cada vez mais patente como age o capitalismo de dados e que a situação toda é muito complexa.

De qualquer forma, ainda se trata da ideia de não fazer oposição termo a termo, da ideia de resistência como criação de outras possibilidades de vida, mas isso se faz a partir de dentro. Entrar, e de dentro, trazer o fora. Entrar nos sistemas hegemônicos e não se deixar capturar, *estar atento e forte*, e a partir de suas entranhas criar novos espaços-tempos, novos modos de pensar. Hoje, em relação não só ao Facebook, mas a todo o aparato tecnológico que já ultrapassou o bio e opera no governo político das vidas, no capitalismo de controle, temos que saber reconhecer a captura, para poder combatê-la. De dentro.

Parece que foi isso que Caetano Veloso gritava aos berros para a plateia que o vaiava no Festival Internacional da Canção, no emblemático ano de 1968:

> *Eu quero dizer ao júri: me desclassifique. Eu não tenho nada a ver com isso. Nada a ver com isso. Gilberto Gil [entrando no palco].* **Gilberto Gil está aqui comigo, para nós acabarmos com o festival e com toda a imbecilidade que reina no Brasil. Para acabar com isso tudo de uma vez. Nós só entramos no festival pra isso. Não é Gil? Não fingimos. Não fingimos aqui que desconhecemos o que seja festival, não.** *Ninguém nunca me ouviu falar assim. Entendeu? Eu só queria dizer isso, baby. Sabe como é? Nós, eu e ele,* **tivemos coragem de entrar em todas as estruturas e sair de todas.** *E vocês? Se vocês forem... se vocês, em política, forem como são em estética, estamos feitos! Me desclassifiquem junto com o Gil! Junto com ele, tá entendendo? E quanto a vocês... O júri é muito simpático, mas é incompetente.*[11]

A música que ele cantava era a *É proibido proibir*. Reproduzo aqui o trecho de que mais gosto:

> *Me dê um beijo, meu amor*
> *Eles estão nos esperando*
> *Os automóveis ardem em chamas*

---

[11] Grifo nosso. Discurso completo disponível em: http://tropicalia.com.br/identifisignificados/e-proibido-proibir/discurso-de-caetano.

Derrubar as prateleiras
As estantes, as estátuas
As vidraças, louças, livros, sim...
E eu digo sim
E eu digo não ao não
E eu digo:
É! — proibido proibir
É proibido proibir
É proibido proibir
É proibido proibir
É proibido proibir...

No final, dá tudo certo

No fim sempre dá tudo certo? Ou ainda não chegamos no fim? Isso não tem fim. Isso de querer pensar de outras maneiras, isso que a gente vem tentando fazer e não tem nome.[...] *o próprio pensamento lhe aparece como uma máquina de guerra. É que, no momento em que alguém dá um passo fora do que já foi pensado, quando se aventura para fora do reconhecível e do tranquilizador, quando precisa inventar novos conceitos para terras desconhecidas, caem os métodos e as morais, e pensar torna-se, como diz Foucault, "um ato arriscado", uma violência que se exerce primeiro sobre si mesmo (Deleuze).*

Esse "ato arriscado", a gente ia incorporá-lo como uma ação no nosso primeiro *Slam* de Filosofia Porrada no Pensamento, naquele incerto final de setembro. Muitos de nós, incrédulos, iam por respeito à minha insistência. Eu ia porque achava, e ainda acho, sempre acho, que a gente tem de ir. Tem de ir primeiro e falar depois, ler depois, escrever depois; a gente, se não se mexe, não entra em conexão com as coisas que estão por aí, elas também em movimento, passíveis de se agenciar. Isso é acreditar no mundo. Levantar da cadeira, ir lá e fazer. Até mesmo sem as intermináveis reuniões prévias para planejar todos os detalhes e levantar todos os prováveis problemas e blá, e ficar encontrando justificativas para nossa preguiça e covardia e blá, até que alguém se levanta e precisa ir embora e um outro aproveita para questionar a pertinência e blá blá, até que todos brochem completamente. Nada disso. Vamos lá e depois falamos, ora.

Acho que funciona mais ou menos como nessas narrativas mágicas, de ficção científica ou filosóficas, em que o personagem procura desesperadamente por uma saída e vai tateando a esmo, quando de repente a parede, a paisagem toda fica mole e se contorce como água reverberando movimentos centrífugos, como quando se joga uma pedra na água, e zóim, zóim, zóim, a realidade fica flexível e absorve o personagem, que desaparece dali e passa para outro lugar, outra dimensão. Aqueles que o estavam perseguindo vêm atrás e plaft! não conseguem passar, dão com a cara na parede que voltou a ficar rígida. Não há passagem para eles. O portal se abre exatamente quando o personagem se move para passar por ele, sem saber que ele é uma passagem. Esse é o segredo: não era antes do movimento de passar. As portas, as passagens, são criadas ao passar, são dois acontecimentos concomitantes. Isso é entender a imanência da vida, política é ação, é onde se põe o corpo.

Nossos corpos foram para a rua. Exatamente na esquina da Rua da Bahia com a Rua dos Guajajaras. Ali tem um triângulo de calçadão, onde foi colocado um monumento em homenagem ao pessoal do Clube da Esquina; há uma placa de cobre enorme, na vertical, com uma frase de Rômulo Paes. Na frente dessa placa, que funciona como fundo de palco, há uma meia lua de arquibancada com três degraus. Em volta ainda sobra bastante espaço para mesas e cadeiras de plástico do bar que vende cerveja e salgados baratos. Atrás da arquibancada, a rua, ônibus e carros subindo, vramm. Lugar perfeito.

Cheguei bem cedo, uma hora antes, às 18h. Tinha que tomar uma cerveja, claro, tinha que me ambientar e me conformar com a ideia de que seria eu que teria de ser a mestre de cerimônias daquilo lá. No início, queria que fosse o Luizinho, já que é professor de filosofia e é do teatro, poderia ser o Wagner, que também é professor de filosofia e é negro, poderia ser outro ou outro, eu tinha pensado em ficar disfarçada, fotografando, no máximo. Mas não foi assim que aconteceu, ninguém podia e eu tive que assumir, afinal, é meu projeto. Tudo bem, lá estava, toda velha e gorda, pensando em como disfarçar isso, mas que diabos, isso já é o disfarce, ora, deixe fluir, seja o que os deuses quiserem, as bruxas loucas que me abençoem, relaxa, vai dar tudo certo, no final dá tudo certo. A questão, de verdade mesmo, era que eu não queria me parecer com uma professora, nem um pouquinho, não queria ensinar nada, não sei nada, estava ali para ensaiar, ensaiar coisas da vida. Estávamos eu e o Julio, apenas. Ele não bebeu, era meu guardião. "Fique aí com os equipamentos e as coisas, eu vou dar uma volta", falei. Reconhecer o lugar, calcular algo, sentir. Na arquibancada, tinha dois rapazes e duas meninas. Alargadores nas orelhas, *piercings* no nariz, jovens, bem jovens, conversavam. "Oi! Vocês vieram para o *Slam* Porrada no Pensamento?". "O queee?". Não, não tinham vindo para isso. Eu explico tudo, omitindo as partes mais acadêmicas. Um deles: "ah, hoje eu tenho aula de filosofia." Eu: "é mesmo? Onde?" Ali! Ele aponta para a entrada de um cursinho pré-Enem. "Ah, mas que é isso? Aqui você vai aprender muito mais filosofia do que na sua aula de cursinho!". Frase mágica, o outro menino instantaneamente diz: "Eu tenho aula de redação... gostei, vou ficar!". Disse a eles que o tema era "o humano" e dei cópias impressas das citações selecionadas. Liam, "que louco, que louco, mano, concordo muito com esse cara [Nietzsche]."

No espaço não tinha tomada, sabe, não tinha tomada para ligar a caixa de som com o microfone, porque o dono do bar não quis emprestar de jeito nenhum, porque achou que era algo político, que ia dar confusão, achou que os moradores do prédio acima jogariam ovos se fôssemos fazer barulho. Nós argumentamos, prometemos e juramos, mas ele não emprestou. O barulho dos carros e ônibus era grande. Mal começamos e pensei que iríamos dançar (no mal sentido). Já estávamos em uns dez do *grupelho*, num batalho danado por extensão elétrica, tomada, e uns 40 minutos atrasados. "Vamos começar", eu disse. Velha crença: se é para fazer, faça!

Comecei no gogó: "Aê, galera, vamos começar o *Slam* Porrada no Pensamento. Porrada porque a gente precisa de um chacoalhão para pensar, pensar diante de tanta tolice, combate à imbecilidade, porque senso comum não é pensamento, bláblá da mídia não é pensamento, memes, palavras de ordem etc."

Quatorze pessoas se inscreveram. UAU! Quatro eram do *grupelho*, dez eram pessoas que estavam ali.

O Robson, homem de ação, apareceu magicamente com uma caixa acústica a bateria. Nos salvou.

Fizemos três rodadas. Na primeira, eliminei os do *grupelho* e alguns que tinham ido embora ou que se autoeliminaram, não querendo prosseguir. Restaram seis. Desses seis tiramos dois vencedores. O segundo lugar ganhou um caderninho artesanal muito bonito, o primeiro ganhou uma edição de bolso de *Para além do bem e do mal*, de Nietzsche, da Companhia das Letras.

Tiramos muitas fotos, filmamos.

No final deu tudo certo.

O cara do querosene

O cara do querosene estava sentado num canto da arquibancada, bem na pontinha do degrau, quase indo embora. Ele estava com uma garrafa de querosene na mão. Mora na rua, estava sujo, faltavam-lhe uns dentes, meio alucinado. Não era muito jovem, mas também não era velho. Como calcular a idade de quem vive na rua, em que o tempo passa diferente, na intensidade da pouca comida, na muita bebida, no excesso de abandono e ameaças? Sete anos com vida de quinze, quinze com cara de vinte e oito, trinta e dois com alma rasgada há cinquenta e três. Não se sabe com que frequência passa o tempo para quem vive na rua. Ele estava lá, sentado numa proximidade que garantia que ele estivesse participando. De vez em quando tomava um gole, bochechava e cuspia longe. Quando abrimos as inscrições, ele levantou a mão bem alto e disse "eu, eu", bem claro. Quando perguntei seu nome, não respondeu. Assim que a ansiedade transbordou, ele desceu os degraus, e fora da ordem, sem ser chamado, ele pegou o microfone e tentou, balbuciou algo, hesitou, gaguejou, proferiu vocábulos ininteligíveis e desistiu. Entregou o microfone e não mais sentou, ficou vagando por ali enquanto rolava o *slam*. Deu uma sumida e depois se sentou no mesmo canto. Um dos participantes estica seu jovem braço comprido na direção do lugar onde o cara do querosene esteve sentado, enquanto desenvolvia sua fala sobre o tema daquela noite: o humano. Este jovem permanece elegantemente em pé, alto e magro, cabeleira, vira o rosto apenas, acompanhando o braço esticado e, no meio de seu discurso, profere: e aquele é um ser humano que não podemos deixar de amar. Mas "o ser humano que não podemos deixar de amar" já não estava mais lá. O canto do degrau estava vazio e acho que muitos além de mim o procuraram com o olhar pelo entorno e não o acharam, mas sabiam exatamente quem ele era. *O homem é uma corda atada entre o animal e o além-do-homem. Perigosa travessia, perigoso a-caminho, perigoso olhar-para-trás, perigoso arrepiar-se e parar. O que é grande no homem, é que ele é uma ponte e não um fim: o que pode ser amado no homem, é que ele é um passar e um sucumbir.* Essa era frase inicial da citação de Nietzsche com a qual trabalhávamos naquela noite. Sim, e há os que sucumbem e absolutamente não atravessam, pensei.

Davi era o nome do rapaz bem alto e muito magro e negro, muito escuro, com uma camiseta laranja que veio participar de forma atabalhoada, infantil. Pedia a palavra e reiteradas vezes repetia "eu sou da rua!". Ficou ali rondando o evento, interferindo, enfeitando, atrapalhando, alegrando. No final, ele me disse: eu também quero um livro. Eu tinha dois livros que foram doados para os prêmios. Eu os mostrei a ele e disse: "Tenho esses dois, pode escolher." Ele: "Me ajuda a escolher." Parei o que estava fazendo e abri os livros, analisei em voz alta: "Olha, este é de poesias, são textos curtos e contundentes, pode ser bom, para ler uma poesia por dia e ficar inspirado por ela. Esse outro é sobre a cidade de Brasília, é bonito, mas não sei, não sei se é muito interessante, eu ficaria com o de poemas." Ele ouvia atentamente, de forma hesitante, pensei: ele não sabe ler. Davi se decidiu pelo livro de poemas, ficou contente, ajudou a carregar os equipamentos e se despediu educadamente.

Esse é o tipo de evento

"Esse é o tipo de evento que se faz com quem já está na rua", disse o Paulo Henrique, assim que sentamos para tomar uma cerveja, depois de termos desmontado e guardado todas as coisas. Fiquei estarrecida! Como ele conseguiu falar tudo numa frase tão curta. Paulo é meu colega, professor de filosofia na mesma universidade em que trabalho. A Tulíola completa: "Cara, eu convidei deus e o mundo, mandei o cartaz para vários grupos de WhatsApp e não veio ninguém!" Sim, todos nós tínhamos feito isso, bombardeamos os amigos, colegas e conhecidos divulgando. Do meu lado, vieram os amigos/colegas professores de filosofia Paulo e Bernardo, e o Robson, amigo que salvou o som. Mais ninguém. Uma e outra namorada de alguns de nós. Mas não vieram as centenas de alunos de todos os cinco professores de filosofia de Ensino Médio que participam do *grupelho*.

Não veio ninguém, eles já estavam lá. Não veio ninguém que nós convidamos. Não veio ninguém que achávamos que deveria vir. Mas veio quem já estava na rua, por acaso. Nos *slams* de poesia não é assim. As pessoas vão porque se programam para isso. Quem vai competir se prepara para isso.

A versão que aconteceu naquela noite, um *slam* que catalisa as forças, energias, interesses e corpos que já estão na rua, me parece muito boa, gosto disso, cai bem como continuidade das extervenções imprevisíveis que não acontecem para serem assistidas, mas assumidas. No entanto, se houver, além disso, uma preparação, se esse evento puder se tornar algo que seja importante o suficiente para entrar nas agendas de uns e outros, pode ser um *plus*. Mas como provocar isso?

Slam das Manas

Duas semanas depois do nosso primeiro *slam*, fui em um *slam* de poesia, *Slam* das Manas. Seria a minha primeira experiência de espectadora em um *slam*. Alguns do *grupelho* achavam que a gente tinha de frequentar *slams* para saber como é, eu não acho. Alguns achavam que a gente teria de se agenciar com o pessoal dos diversos *slams* pela cidade, eu não acho. Acho que a gente pode fazer o nosso do jeito que a gente quiser. Mas o Wagner disse: "Vamo?" E eu disse: "Vamo."

Centrão. Sexta à noite. Rua Espírito Santo, nº 461. Nesse endereço, há um prédio bem grande, o portão é de madeira, de tapume, fechado com uma corrente comum. Bato. Abre um rapaz, eu digo que vou para o *slam*. Ele me pede que escreva meu nome em um caderno. Posso subir, 6º andar. É tudo vazio, abandonado, o grande *hall* que atravesso para chegar às escadas está sujo. As escadas são muito íngremes e há dois lances enormes entre cada andar. No quarto andar, dou uma parada e vou olhar o corredor; arquitetura e *layout* de edifício comercial, porém habitado por famílias, roupas de crianças secando esticadas nas portas, papéis pregados nos vidros das portas, para garantir alguma privacidade, carpete no chão. É uma ocupação. Chego lá em cima bufando. No 6º andar, há um terraço enorme, um quintal, com mesinhas de concreto e bancos, com gramado, e em volta prédios e mais prédios. Um lugar inusitado. Está uma noite muito agradável. Sentamos no chão, Wagner e eu. Há poucas pessoas, umas vinte. O *slam* transcorre maravilhosamente bem. As manas que se apresentam são de uma contundência, de uma delicadeza, uma verdade escancarada, poesias como tochas de fogo que acertam o peito da gente e causam sei lá o que, pura emoção. É o falar franco, záz, flechas, flechas de verdades, sem rodeios, sem dourar, prontas para serem usadas como arma. Aquilo me atinge, me chacoalha, mas não machuca, porque vem puro, sem veneno; é o que é. Quando me alcança, encontra algo que estava ali já, em mim, com o qual se mistura e produz uma reação química que me alegra na mesma hora, me enche de coragem de sair dali pronta para qualquer luta, todas elas.

Há duas meninas que cantam, nos intervalos, uma faz *rap* poesia, a outra tem sambinha e outras coisas muito boas, de sua autoria, toca flauta, pandeiro, violão. Eu estou destoando ali, aquilo não é lugar para velhas brancas de olhos azuis. Dane-se. Finjo que não está acontecendo nada, me sinto à vontade, converso com Emily Roots, quando se aproxima um pouco. Pergunto se essas poesias são publicadas, o *rap* dela, por exemplo, gostaria de poder ler, de ouvir de novo. Ela me diz que há umas minas que têm páginas no Facebook. Claro, como não pensei nisso? Lá mesmo eu vou achando as minas no Facebook, uma por uma e já pedindo para ser adicionada. Aquele era o dia da final, e no fim da noite o clima está muito amigável e festivo, amoroso mesmo, quando sentamos em roda e a convidada de São Paulo, Aryani Marciano, toca e canta suas músicas acompanhada da Piê Sousa, a grande monstra daquela noite, na minha opinião. Fiquei tão absorvida vivendo aquilo que não tirei nenhuma foto, ninguém estava tirando fotos. Olhando com as bocas meio abertas, pescoços curvados, a gente sentada no chão olhava para cima e via aqueles monumentos.

Saímos dali – aquela era a Ocupação Vincentão – junto com várias pessoas que descem as escadas para irem embora. Lá embaixo Wagner me apresenta Camila Félix, uma moça magrinha, de cabelo amarelo, da arquitetura da UFMG, que eu tinha visto lá em cima ajudando na contagem das notas. Ela fez um trabalho de mapeamento dos saraus e *slams* da cidade como seu Trabalho de Conclusão de Curso no ano passado e tem uma página no Facebook. Ela diz que vai nos adicionar lá. Em breve vai haver a publicação do *Atlas dos Saraus da RMBH + Sarau dos Saraus*. Uau, penso, que arquitetura!

Na rua, um rapaz que estava de jurado naquela noite e que dava as menores notas, magro, de óculos, um que o Wagner disse ter conhecido no Sarau dos Comuns e que era muito fera na poesia, e que eu tinha visto conversando com ele lá em cima, esse rapaz vem na minha direção e me abraça, diz estar muito contente por eu ter estado lá, vendo um *slam*, por eu ter entrado em uma ocupação, contente porque a universidade estava se aproximando de ações como essas. Mas eu não sou a universidade, pensei, chateada. E tampouco esse meu ato de hoje é o início de nada. As generalizações e o pensamento histórico são mesmo maldições do pensamento ocidental. Eu não sou a universidade, eu não represento a universidade. O fato de eu ter estado no *slam* não é o marco inicial de um movimento de integração universidade-rua, que só tende a progredir. Nada disso. Cidade é rizoma, subjetividades são rizomas, *slams* são pequenas zonas autônomas temporárias. O melhor lugar do mundo é aqui e agora, e ponto.

Depois, Wagner e eu fomos num botecão ali no centro, na Praça Sete, para conversar e deixar fluir tudo aquilo que a gente estava sentindo. O Wagner nasceu na favela, na Serra, próximo de onde eu moro. Ele viveu coisas que a gente não imagina. Trabalhou de quase tudo nessa vida, como ele diz. Quando o conheci, ele estava terminando a faculdade de filosofia na universidade federal e trabalhava de taxista, de dia. Hoje, ele dá aulas de filosofia para o Ensino Médio, na rede estadual de educação, e é meu orientando no Mestrado Profissional em Educação, na mesma federal. Ele é um sobrevivente, um lutador, desses que muitas vezes, com a cara toda inchada, pendurado nas cordas do ringue, tira energia não se sabe de onde e fica em pé, para mais um *round*, assim como muitas dessas jovens que eu tenho visto, essas manas de hoje, Gigi, a Gislaine Reis, poeta que venceu o *Slam* Das Manas e vai para a disputa nacional representando Minas Gerais, junto com Piê Sousa, a artivista Vênus Sunêv, super enigmática..

A questão que começa a me rondar é: quem fala? Quem pode falar? Isso diz respeito aos modos de resistência que são inventados, pela palavra, pela ocupação dos espaços pelos corpos, pela invenção de novos espaços-tempos que são novos modos de vida. Quem fala, fala o que para quem? Poder falar é o que senão propriamente ter alguém para ouvir? Estávamos lá, ouvindo, e aplaudimos, demos notas, gritamos Uhu! Palavras-flechas atiradas em nós, e ouvíamos com o peito, com as entranhas, e dava vontade de grunhir.

Foi uma noite memorável. Quando cheguei em casa, todas as meninas do *slam* para as quais eu tinha pedido amizade no Facebook tinham aceitado. Fiquei muito tempo olhando o perfil de cada uma delas, deitada na minha cama, com a cabeça a mil.

Realmente foi muito bom ter ido àquele *slam*, naquela noite, mas não por nenhum dos motivos que as pessoas davam quando diziam que eu deveria de ir.

TAZ

A ideia de TAZ é uma daquelas que esteve sempre nessa pesquisa, até antes do seu começo. Esta palavra, originalmente T.A.Z, do inglês *Temporary Autonomous Zone*, ou seja, Zona Autônoma Temporária, é o título de um pequeno, porém bombástico, texto de Hakim Bey, escrito em 1990 e completamente atual. O autor nos pergunta: *Estamos nós, que vivemos no presente, condenados a nunca experimentar a autonomia, nunca pisarmos, nem que seja por um momento sequer, num pedaço de terra governado apenas pela liberdade?* O problema que nos coloca, nesse seu ensaio, que se configura como *quase que uma fantasia poética*, é a questão da resistência. Como é possível criar redes de convívio e comunicação que estejam fora do alcance do controle do Estado? Como conjurar modos de viver que escapem aos modelos oferecidos pelo Capital?

Uma das ideias que Bey desenvolve é a de que devemos parar de desejar a Revolução. As revoluções, reiteradamente sonhadas e arquitetadas poucas vezes triunfam e, quando o fazem, têm imediatamente seus ideais traídos, já que a partir da vitória se estabelece um novo Estado. A luta direta frente a frente com o Estado, hoje, para Bey, seria um martírio inútil, já que não temos a menor chance num confronto com *esta megacorporação/Estado de informações, o império do Espetáculo e da Simulação*. Ao invés disso, ele propõe que nos dediquemos a criar saídas, criar espaços anticaptura, efêmeros, as TAZ, que seriam um tipo de rebelião sem confronto direto com o Estado, segundo ele, *uma operação de guerrilha que libera uma área (de terra, de tempo, de imaginação) e se dissolve para se re-fazer em outro lugar e outro momento, antes que o Estado possa esmagá-la*.

Sabemos que uma estratégia do Estado é desenvolver tecnologias que nos façam reproduzir seu modo de pensar e que nos façam acreditar que aquilo que o capitalismo oferece é tudo o que é possível existir. Sabemos que esse sistema de (sobre)vida tem uma capacidade imensa de captura: tudo aquilo que escapa é perseguido até ser subsumido, quer seja como mercadoria, como moda ou como doença etc. Uma camiseta com o rosto de Che Guevara da marca tal pode custar 100 dólares, uma manifestação artística de uma minoria, o *hip hop*, por exemplo, pode passar a ser ensinado em oficinas dentro das escolas, a necessidade de uma criança de se mexer e brincar e focar e desfocar a atenção em tudo o que pareça ser interessante pode ser classificada como doença e ser tratada quimicamente. Bey aponta essa época como a de um Estado onipresente e todo-poderoso, logo propõe como o maior trunfo das TAZ a sua invisibilidade: *a tática mais radical será a recusa de participar da violência espetacular*, retirar-se *da área de simulação, desaparecer*. Além da invisibilidade, Hakim Bey propõe a criação de conexões, grandes redes de comunicação que se utilizem da tecnologia disponível, a mesma que controla, para a criação de TAZ. Além disso, ainda, segundo ele, é necessário que haja um esforço em se libertar das formas psicológicas que nos fazem escravos de ideias e ideais que modelam e modulam a vida e nos oprimem, impedindo o movimento de criação de novas formas de subjetividade.

A chuva e o *slam* no Maletta

Desde o começo da tarde daquele dia, que seria o do nosso segundo *slam*, o céu se enchia de nuvens pretas, o vento continuamente armando um temporal. Na página do evento avisei que, mesmo com chuva, a gente faria nossa segunda eliminatória do *Slam* Porrada no Pensamento. A gente não tinha como adiar, dado o cronograma de nossas viagens e compromissos mais os feriados. "Nem que chova canivete", pensei, "a gente vai fazer isso hoje". Ficamos pensando em alternativas de lugar, mas não publicamos até o momento em que tivemos certeza de que não iria dar mesmo para fazer na rua. Na ocasião da nossa primeira eliminatória, tínhamos pego os contatos da rapaziada que estava lá, e foi criado um grupo de WhatsApp juntamente com todos os integrantes do *grupelho*. Foi por ali que primeiro circulamos a notícia de que naquele dia o nosso *slam* seria realizado no Maletta.

O Maletta é um lugar icônico na cidade de Belo Horizonte. Fica no centro da cidade, a menos de uma quadra do lugar onde fizemos a primeira eliminatória do nosso *slam*. É um edifício antigo, de 30 andares, tanto comercial quanto residencial, mas o que mais atrai são os andares térreo e sobreloja, unidos por duas escadas rolantes – que não funcionam – de um lado e uma rampa circular de outro. Nesses andares há restaurantes, bares de diversas tribos, alguns exóticos, outros absolutamente comuns, além de sebos, lojas de antiguidades, moda de produção local, fantasias, e uma variedade de coisas; muito eclético e aberto, ali frequentam pessoas dos mais diversos tipos. Avisei no Facebook e no WhatsApp que a gente iria para lá, sem saber se seria permitido fazer o *slam* em algum canto do prédio – o canto eu já tinha escolhido mentalmente. Quando cheguei no Maletta com os equipamentos e tralhas, não conseguia nem descer do carro. Chovia de um jeito absurdo. Cada um de nós estava ilhado num lugar próximo, esperamos diminuir um pouco, nos juntamos e subimos. Nosso destino: sobreloja, bar Lua Nova, do Juventino. Ele tem um bigodão grisalho, faz tudo no bar, há muitos anos, com dona Cida, sua esposa. Servem as mesas, fritam batatas etc. Bar tradicional que, de tão comum, parece exótico. Tem cerveja bem gelada e barata, e as mesas e cadeiras de plástico amarelo estão espalhadas em um espaço que não é apertado, como nos bares mais recentes que ficam disputando a varanda. Nesse boteco histórico estamos bem de frente para quem acaba de subir a escada, na parte interna, quente e barulhenta desse andar.

Converso com o Juventino que imediatamente consente, oferecendo tomada elétrica (nem precisávamos estar – ainda – com a caixa acústica emprestada que funciona a bateria). Rapidamente, todos nós nos movimentamos para pregar nossa faixa. É uma das novidades dessa noite. O Tavinho fez uma linda faixa *SLAM* PORRADA NO PENSAMENTO com *spray* de tinta preta em cinco metros de morim que compramos para este fim. A Glau emprestou o *datashow* dela, o Luizinho trouxe o computador, eu, um lençol branco, canetinhas, as placas de papelão, fomos ajeitando tudo. A segunda novidade é que combinamos que nessa noite o Davi ficaria no computador caçando frases e palavras que sentisse como relevantes nos discursos que seriam proferidos, para serem destacadas e projetadas no lençol, uma maneira de fazer ressoar algo dito ainda mais um pouco depois de seu som ter sido consumido pelos ouvidos. A frase "E ali está um ser humano que não podemos deixar de amar", que um dos finalistas do primeiro *slam* tinha dito sobre o cara do querosene e que tinha ficado martelando na minha cabeça e que eu repeti muitas vezes naquela ocasião, essa frase – ou o tanto que fiquei atraída por ela – foi que nos deu a ideia de usar o *datashow* hoje.

Enquanto todos estavam ajeitando as coisas, pedi uma cerveja, primeiro porque me senti na obrigação de consumir alguma coisa, já que o proprietário do local estava sendo tão receptivo, pedi também uma porção de batatas fritas, e em segundo lugar porque eu, definitivamente, não estava ainda convencida de que ser uma *Slam* Master era uma coisa agradável e fácil, precisava relaxar um pouco. Observo a chegada de um segurança devidamente uniformizado que vem reclamar que nossa faixa está esticada ultrapassando os limites da entrada do bar. Mas a loja vizinha, um sebo, sequer estava aberta naquele momento. Não importa, isso não é permitido. Observo alguns de nós conversando com o segurança e Juventino. Nem me mexo, "eles resolvem isso", penso. E dobram a faixa para caber. Fica assim: *Slam* Porrada. Depois, Wagner muito esperto, com os outros, bem-humorados, escrevem "no pensamento" em uma folha de papel sulfite e colam no final da faixa. O guarda vai embora.

Aquela não era uma noite de sexta-feira qualquer. Era dia 19 de outubro de 2018 e estávamos bem no meio da fogueira, entre o 1º e o 2º turnos das eleições presidenciais do país. Aquela tensão que só quem viveu sabe: a polarização exacerbada, todas as confusões das *fake news* – naquele momento já quase não mais extraordinárias como acontecimento social –, os nervos à flor da pele de quem temia por um retrocesso absurdo que se anunciava, o império de uma ignorância que causava pavor. Nós, do *grupelho*, estávamos todos sensibilizados com nossa situação política, andávamos com camisetas e bótons que diziam coisas. Naquela noite, eu mesma usava um bóton adesivo redondo bastante grande, grudado no peito, que dizia: "vote em ideias, não em pessoas". Aquele *slam*, naquele dia, tinha uma pitada ácida, mais acentuada nas palavras que usei ali quando comecei a conduzir a ação.

Naquele momento que antecedia o começo do *slam*, tudo me parecia confuso e incerto, como sempre, me dava a impressão de que havia mais gente do *grupelho*, uns dez ou doze, do que outras pessoas e de que não ia acontecer nada. Sempre que começo a ficar ansiosa com essa ideia, penso que afinal se trata de uma pesquisa, não é a festa do meu aniversário, não tem importância se não vier ninguém. Mesmo que nada aconteça, terá acontecido alguma coisa que servirá para a pesquisa, estamos experimentando coisas. É impressionante como constantemente tenho que me lembrar disso: são experimentações e, como tal, nelas pode acontecer qualquer coisa, até mesmo nada, que, no caso, sempre será algo. Estamos aqui justamente para ver o que vai acontecer, pois estamos lidando com o imprevisível. É difícil sair do papel do pesquisador formado na concepção de que pode e deve ter controle sobre o que vai acontecer quando se coloca em campo. Esta é uma noção imprópria, equivocada, pois a pesquisa está, ou pelo menos deveria estar diretamente ligada com a vida, e sendo portanto incerta e fugidia, obrigando o permanente repensar de pressupostos, escolhas, e obrigando à revisão de rumo, de modos. Quase tudo pode estar sendo posto à prova o tempo todo pela vida, aquilo que não foi previsto, não foi pensado, não existia antes de acontecer. É a vida ela mesma, pulsante e com infinitas variáveis, que vai fazer do pesquisador um errante.

Relaxo e observo meus comparsas arrumarem tudo. Nesse momento, Wagner se aproxima acompanhado de um rapaz desconhecido e diz: "É essa, é ela aqui, ó." O rapaz me cumprimenta e pergunta se pode participar do *slam*. Claro, claro, esta será nossa segunda eliminatória e está aberta, daqui a pouco começa e as inscrições estarão abertas. Quase imediatamente surge uma outra moça e pergunta a mesma coisa, ouve a mesma resposta e a pergunta: "como é que vocês souberam do *slam*?" Pela internet. "Pela internet?" Ah, foi a Camila Félix, a moça que fez o atlas de saraus e *slams* como TCC, ela tinha dito que colocaria nosso *slam* na agenda da semana na página Circuito Metropolitano de Saraus, no Facebook. Que loucura, pensei, está "dando certo", ou seja, desta vez apareciam participantes que tinham vindo intencionalmente para isso. Estávamos ficando "normais" no rolê, entrando nos moldes. Ok, vamos ver se isso é bom, me levanto, pego o microfone e começo minha *performance*.

    Tínhamos então esses dois inscritos, Felipe e Raissa, além da Carol e do Neilton, dois de nós, que tinham se proposto a preparar algo, para o caso de não haver mais nenhum inscrito, isso garantiria que o *slam* acontecesse. Eu estou animada, incentivo as pessoas que estão sentadas nas mesas do bar a participarem, me dirijo também àqueles que sobem pelas escadas rolantes e dão de cara com a gente. Aparece mais uma moça, bem menina, que se inscreve, seu nome é Thayná. Enquanto cada participante está proferindo seu discurso, eu observo sentada. Em um desses momentos, alguém me informa que Thayná tem 15 anos, é aluna do Wagner em uma escola em Vespasiano, pequena cidade a 30km de BH. Ela está com o pai, ele também é muito jovem, deve ter uns 35 anos, está sentado olhando, com dois capacetes de moto sobre a mesa. Uma turma de amigos chega, pegam uma mesa, a posicionam em local privilegiado para assistir. Mais ao fundo, uma mulher sentada sozinha com sua cerveja levanta a mão e se inscreve, deve ter uns 40 e poucos anos, cabelos curtos exoticamente cortados. No meio da coisa toda já rolando solta, vejo outro segurança uniformizado se aproximar, finjo que não está acontecendo nada, alguns de nós vão até ele e conversam/convencem-no, Maria me cochicha que ele deixou a gente ficar até às 22h. Ótimo, isso dá e sobra. Em outro momento, em que eu estou sentada ouvindo os participantes, se agacha ao meu lado um rapaz, não muito jovem, bem barbudo, que eu nunca tinha visto, e que me diz que nos *slams* geralmente há um grito de guerra. Eu entendo o que ele diz, porque no *slam* das manas, de tempos em tempos, a *slammer* gritava para a plateia: mulher também tem... e a plateia respondia, também aos gritos: voz! Eu fico com uma preguiça imensa, mas pressinto que não terei saída, "entrou na chuva, é para se molhar", penso, entre resignada e divertida. "E o que você sugere?", pergunto. Ele diz que acha legal alguma coisa que tenha a ver com essa ideia de arrombar o pensamento. "Putz, mais um que leu o que eu escrevi lá na descrição do evento", pensei animada e intrigada. Agradeço a ele, que se afasta rápido. Essa ideia é do Deleuze, de que o pensamento não é uma coisa natural, não é blábláblá que passa na mente. O pensamento precisa ser arrombado, para ser posto em movimento, precisa tomar uma trombada de um signo que o ponha intrigado, a decifrar. Arte é pensamento, filosofia e ciência são pensamento, modos de pensamento, complementares, são criadores de mundos. A palavra "arrombar", naquele momento, não me pareceu boa, tem algo de baixíssimo calão que se associa a ela. Quando ocupei novamente meu posto, gritei: "nós viemos aqui dar uma porrada no...", e meus amigos, entre perplexos e divertidos, responderam prontamente: pensamento!

Correu tudo muito bem, os discursos, os aplausos entusiasmados, inclusive dos despretensiosos frequentadores do bar, as palavras selecionadas boiando no lençol, nossos ânimos inflamados de alegria por tudo o que foi dito ali. A mulher de uns 40 anos, com cabelo *à la* Elis Regina, pintados de cor de vinho, com umas mechas mais longas, esparsas, é a Lilian. Ela não se apresentou, mas quando começou o seu poema, que ia inventando ali na hora, a gente soube que ela é professora de crianças pequenas, da Rede Pública de Ensino, ela falava algo sobre meleca do nariz e de como cada um teria de se responsabilizar por suas melecas, por aquilo que expressa, por aquilo que joga no mundo, pelo modo como constrói o mundo. Foi fascinante ver como ela, tão de improviso, conseguiu politizar a meleca de nariz. Uns meses mais tarde eu a vi no meio de uma imensa manifestação de rua, eu a cutuquei no ombro e abri meus braços para abraçá-la, ela foi receptiva, se envolveu no gesto com reciprocidade e assim que pode me perguntou: quem é você? De onde te conheço? – gritando no meio da confusão, eu ri muito e disse: do Maletta, você é uma poeta e não sabe.

Nós nos despedimos de Juventino muito agradecidos, ele se ofereceu para providenciar permissão do condomínio para uma próxima, se a gente quisesse. Dessa forma, não teríamos problemas com os seguranças. Essa sua atitude me alegrou ainda mais. Apesar do cansaço, estava muito leve. Saímos de lá para um lugar mais fresco e silencioso, para conversarmos um pouco sobre o acontecimento, também para ficarmos um pouco em silêncio juntos, esperando toda a nossa poeira baixar. Saímos dessa com grande ganho: mais três finalistas: Thayná, Raissa e Lilian.

Nossa bolha e os bolsominions

Desde a primeira eliminatória do nosso *slam*, tínhamos feito um grupo no WhatsApp, porque, na ocasião, pedi para a Maria pegar o contato dos participantes e da plateia, de quem quisesse dar, e depois me vi diante de uma extensa lista de números de telefones, sem nomes e nem mais nada. Esse grupo funcionava para divulgarmos nossas ações, para divulgar as atualizações na nossa página do Facebook, postar as fotos; também era usado pelos participantes para divulgar alguns eventos e para comentar acontecimentos, principalmente os políticos, porque estávamos vivendo um período pré-eleitoral muito tenso. Depois da segunda eliminatória do nosso *slam*, este grupo estava bem grande e ali se intensificou a troca de informações pertinentes a esse universo que nos era comum, convites e chamadas para eventos, *slams* de poesia, lançamento de livros etc., e mais fortemente postagens sobre o nosso momento político. Até que, em um determinado momento, alguém postou coisas ambíguas, que pareciam ironizar o espírito antiarmamentista paz e amor que apontava Haddad como uma saída, que era a tônica do grupo. Eu levei um susto imenso. Minha formatação binária no modo de pensar apontou: perigo! Teríamos "inimigos" no grupo? Como pode ser que tenhamos um bolsominion nesse grupo? Fiquei um bom tempo intrigada com isso, quando me dei conta de que estava imersa na polarização reducionista que tinha se apoderado dos modos de se posicionar diante da realidade, já há alguns anos, no Brasil. Por que eu estaria pensando que alguém jovem, com alargadores nas orelhas, tatuagens no corpo, negro, pobre, teria de estar, necessariamente, do lado dos que votariam em Haddad?

    Me lembrei do tanto que Deleuze nos ensina de Spinoza: o que pode um corpo? Um corpo não é definido por suas funções, órgãos ou forma, ele não é substância ou sujeito, mas um modo. *[U]m modo é uma relação complexa de velocidade e de lentidão, no corpo, mas também no pensamento, e é um poder de afetar e de ser afetado, do corpo ou do pensamento* (Deleuze). Um corpo se define pelos afetos de que é capaz: um corpo pode afetar-se e pode afetar outros corpos. Nesse sentido, por exemplo, podemos afirmar que um cavalo de roça tem mais afetos em comum com o boi que pasta junto com ele no sítio, do que com um cavalo de corrida, diferentemente do que afirmaríamos se tomássemos como critérios para definição dos corpos sua morfologia, suas funções e órgãos, como o faz a biologia ao classificar os seres vivos.

    [T]oda coisa, no plano imanente da Natureza, define-se pelos agenciamentos de movimentos e de afetos nos quais ela entra, quer esses agenciamentos sejam artificiais ou naturais (Deleuze). Nós todos, que estávamos envolvidos naqueles *slams*, atualizávamos o que éramos naquele momento pelos afetos que nos atravessavam em comum. Estávamos agenciados naquele movimento de expressão na rua, embora uns fossem jovens e outros não, uns fossem brancos e outros negros, uns bolsominions e outros Haddad, como o boi e o pangaré.

A finalíssima

Depois da experiência de fazer o *slam* no Maletta, fiquei bem tentada a usar aquele espaço novamente e fazer ali nossa finalíssima. Apesar do calor e do barulho, tudo foi mais cômodo e a tendência é que seria ainda mais em uma próxima, com o apoio do Juventino. Quase cedi a essa preguiça, mas consegui resistir, porque o projeto diz respeito a fazer filosofia – ou provocar o pensamento – na rua, e rua é rua mesmo.

Estar na rua traz insegurança. Quando nos colocamos nela, estamos em um espaço aberto, público; estamos disputando o uso desse espaço com toda a cidade, e estamos invadindo um espaço, de certa forma privado, dentro desse espaço público, que é o da vida daqueles que moram na rua. Decidimos, então, ir para o mesmo lugar do primeiro, porque lá passa e para muita gente, e porque tem a pequena arquibancada em meia-lua e a chapa de cobre do monumento que faz papel de fundo de palco. Desta vez, encostada na placa de cobre enorme havia uma cama de papelão, panos e travesseiro. Olhei em volta para ver se o dono da cama se movimentaria quando nos visse nos acomodando por ali, mas ninguém apareceu. Não sabemos como funciona a rua, se aquela cama tinha dono ou não etc. Montamos as nossas coisas sem mexer naquela cama, já que não faria diferença para nós.

Tínhamos preparado coisas especiais para a grande final. No *Slam* das Manas, vimos que havia pequenas apresentações entre as etapas da competição e pensamos que, para nós, esse formato também seria bom. Conversando entre nós, conseguimos, dentre nossos conhecidos, um jovem compositor e cantor, Fernando Dan Nunes, que se dispôs a ir tocar e cantar no nosso *slam* sem cobrar nada, e um experiente ator da Cia. Sapos e Afogados, o Edmundo Veloso Caetano. Esse grupo de teatro nasceu na Rede Pública de Tratamento de Saúde Mental e é composto por seus usuários, o Ed, como é chamado o Edmundo, é um deles. Ele aceitou fazer uma *performance*, mediante o pagamento de um baixo cachê. Além desses, a Flávia e o Neilton, do *grupelho*, leriam poemas de seus livros recém-editados. A caixa acústica que funciona com bateria, que nos tinha sido emprestada pelo Robson, ainda estava conosco, a nossa extensão elétrica tinha sido aumentada, para alcançar a tomada da Polícia Militar logo abaixo na rua, conforme nos tinha sido cedida no primeiro *slam*, e isto seria útil para o *datashow*. Tínhamos colocado pequenos cartazes com fotografias dos finalistas na nossa página no Facebook; o tema definido como resistência trazia lindas e diversificadas citações. Parecia tudo preparado, tinha tudo para ser um sucesso.

Dois dias antes do evento, não sem um sobressalto ansioso, me lembrei de que não tinha confirmado com os finalistas a sua presença. Entrei em contato com todos e, depois de alguns diálogos, com desculpas mais ou menos verossímeis, ficamos com o saldo de duas finalistas, os outros três não poderiam estar presentes. Mais uma vez a minha primeira reação foi a de achar que aquilo "não ia dar certo". Como poderia ser uma final na qual os finalistas não compareceriam? Tínhamos mais atrações especiais do que competidores. Por que isso estaria acontecendo? Tranquilizei-me quando, depressa, pensei, mais uma vez: são experimentações. Desde o começo, desde a primeira extervenção, quando "nada acontecia", sempre alguma coisa aconteceu. Em todas as vezes colocamos nossos corpos em ação, com algumas expectativas, com intenção de provocar determinadas coisas, e qualquer coisa que surgisse a partir daí seria algo sobre o que pensar. Desde o começo, esta pesquisa se propôs a seguir o fluxo dos acontecimentos. Trata-se de criar os caminhos a partir daquilo que se for encontrando nesse caminho, que não sabemos aonde vai levar; esta é a constante indagação: aonde isso vai nos levar, esse caminho, essa pesquisa? Desde o início da pesquisa o principal era a ideia de depois escrever sobre o que aconteceu, e é isso que estou fazendo agora: desenhar um mapa do que experimentamos, das intensidades que nos afetaram, o que fomos levados a pensar, como fomos analisando o que nos acontecia, o quanto pudemos nos jogar no imprevisível de um caminho que estava sendo feito à medida que caminhávamos; todo um processo de invenção.

Por que os finalistas não queriam ir à final? Rapidamente compreendi que o fato de essa sequência de *slams* que estávamos fazendo não ter o caráter competitivo dos outros *slams* que aconteceram na cidade era o responsável. Os *slams* de poesia, embora sejam manifestações menores, de minorias, já estão enquadrados em um movimento maior, que os oficializa, com patrocínio de instituições empresariais que podem até levar para Paris uma moça negra, gorda, que define sua sexualidade como não-binária, moradora de uma favela em Minas Gerais, que é o que acabou acontecendo com Pieta Poeta, que conheci no *Slam* das Manas, e que foi para a disputa nacional representando seu estado e venceu! (Que alegria!) Ela vai para Paris porque o Sesc, patrocinador do evento, está bancando, e era isso que os participantes de todos os *slams* que aconteceram nos inúmeros municípios, seguidos das seleções estaduais e depois da nacional, queriam alcançar. É uma grande competição, na qual importa, para cada uma dos participantes, tornar público seu trabalho, sua voz; ser um arauto da sua realidade, uma enunciador coletivo da sua minoria, um discurso no qual tudo é político. Cada um, com urgência, se torna uma máquina de expressão, são poetas menores e querem ser ouvidos pelo maior número de pessoas. E é por isso que se deixam capturar por esse sistema oficial empresarial-estatal, porque dali podem amplificar sua voz, podem fazer alcançar mais longe essa voz que já têm e que precisa ser ouvida.

No caso do *Slam* Porrada no Pensamento, essa lógica do sistema empresarial-estatal competitivo não valia, obviamente. Apenas na nossa segunda etapa seletiva é que apareceram participantes intencionalmente competidores (por mais que nossos prêmios fossem irrisórios). Esses que tinham vindo preparados para competir e mostrar seu pensamento eram justamente as nossas duas finalistas, que compareceriam na final. Fazia todo o sentido que fossem elas. Os outros três tinham entrado no nosso *slam* por impulso passageiro, uma vontade momentânea de entrar nesse jogo. E, assim como entraram, saíram. Era muito compreensível. Dessa vez nós tínhamos conseguido, de uma forma muito fácil, com apenas um telefonema, o apoio da Quixote+Do Editoras Associadas, que generosamente nos doou cinco livros. Não choveu. As duas participantes trouxeram seus textos preparados a partir das citações que incitavam o tema do evento: resistência. A plateia estava mais cheia do que das outras vezes e era bem diversa. Havia umas amigas da Flávia, que trouxeram uma garrafa de vinho e taças, para tomarem enquanto curtiam o *slam*. Aquilo destoava e ficou muito engraçado, achei. Familiares do cantor/compositor também estavam presentes, outros jovens do cursinho que fica do outro lado da rua também, entre outros tantos. Depois que tudo o que tínhamos preparado para aquela noite foi realizado, não desmontamos as coisas imediatamente. O microfone no pedestal, que Dan Nunes tinha trazido, ficou lá, enquanto nós permanecemos ali sentados, juntos, conversando. Muito rapidamente, apareceram algumas pessoas perguntando se podiam se apresentar. "Sim, claro." A moça, que tinha estado assistindo ao *slam*, queria tocar. Dan Nunes, muito generoso, cedeu seu violão. Ela cantava *à la* Cássia Eller, tocou duas músicas e todos aplaudiram. Em seguida, veio um moço que estava no bar ao lado, este que vai colocando mesas e cadeiras de plástico, tomando toda a extensão do pequeno largo, se aproximando muito do monumento, da arquibancada e do espaço que usamos de arena para nosso evento. O rapaz branco, loiro, bem vestido, pergunta se pode declamar poemas de sua autoria. Respondo que sim. Ele me diz que são poemas que escreveu quando esteve internado em uma instituição. Declamou, e eram palavras cifradas; ficamos ali com ouvidos de decifrar, mas não foi fácil. Achamos divertido, ele ficou alegre pela oportunidade. Ainda um e outro se apresentaram. Fiquei ali admirando aquele movimento espontâneo de uso daquele espaço. Pensei que a gente poderia fazer uma extervenção assim, apenas instalando um microfone, bem na rua, para amplificar as vozes. O que tanta gente tem tanto a dizer? Há uma necessidade de expressão? Mas expressão de quê? Quem as ouvirá?

Pessoas entraram e saíram do nosso palco com microfone, pessoas passaram e pararam para ver e ouvir, a caixa pifou, mas a tomada funcionou. E foi uma festa. Foi um grande prazer termos conseguido fazer o que tínhamos planejado, do modo como aconteceu, que era imprevisível. No final deu tudo certo, o certo que deu.

Os poemas delas

Raissa Emanueli é natural de Belo Horizonte, tinha 20 anos em 2018 e é poeta marginal. Descobriu, por meio do feminismo negro e dos eventos de *Slam*, a poesia como possibilidade de libertação e empoderamento.

1.
Concretos são concretamente aceitos
Arranha céus
Para raios
Tudo lá em cima
De cima pra baixo
Desencaixo nessas cidades de papel
Com leis de papel
Em cláusulas pétreas de papel
Em artigo e frases de papel

Constituindo cidadães de papel

Constitucionalizamente irracional
Pesadamente impensável

Garantir moradia, salário num papel?

É sério isso? Minha avó nem sabia ler o que tava dito nisso.

Meus sentimentos são ícones numa tela.

Meus gritos são letras maiores e pontos finais

Compartilhar ao ser humano não satisfaz.
Olho do redemoinho.
O cúmulo do absurdo. A cada 24 horas
Notícias são fake
Verdadeiras são histórias
Mas sem história só sobra o fake
Pra alguns não é fake é falso
Pra mim é o que tá descrito no percurso
São muitas opiniões e pouco juízo
É um mundo inteiro na mão desses lixos

Entre análises combinatórias e combinações da história eu tento passar nessa prova
De papel
Escrito pelas leis de papel
Nessa cidade de papel
Com pensamentos de papel

Papéis e realidades
São palavras rivais
E eu mostro mais

pela insistente falta de paz

minhas frases pertencem a papéis rasgados
pela roda, pela voz, e pela luta

2.
Boa noite e a noite me convida
Essa cidade é perversa e perversidade é coisa do dia a dia
Pra alguns é esquina pra outros moradia
Desce a breja, bola o base, vamo ficar louco pra esquecer da nossa vida

E a realidade é só de dia

Ao meio-dia a praça é sete a noite é pra pintá o sete se atente ao agora
Tem muita energia rolando nessa roda, nessa mesa, nessa prosa a noite em Belo Horizonte é linda e horrorosa
Tem uns que bebe pra sorrir outras pra esquecer da fome
Todo mundo se consome e consumismo nos consome
A carteira assinada é o que sustenta a burguesia
A burguesia fede a mais-valia
A burguesia fede a hipocrisia
A burguesia fede a crise e falta de moradia

E no copo o foco é as doses sem medida

E daí que sou fudida? A minha vida já nasceu de uma foda. E se dizem que mulher não goza o meu clitóris é um protesto feminista

Bato tambor e aceito a África que grita na minha pele. Eu sou preta, não morena, quero que vá tomar no cu esse racismo q nos persegue

Segue seguinte pensamento
Eu nasci marginalizada e ser marginal é meu talento
Eu penso a frente desses tempos
É eu não sou nem grande coisa
Grande coisa seria se todo mundo que me ouvisse fizesse a revolução brasileira ser alguma coisa

3.
Minha cor do café.
A analogia seria bonita, se não representasse, mesmo que sutilmente, toda a dor de colher e não comer. De não saber se quer, quem se é.

Pra alguns meu corpo é sempre lindo, o meu sorriso esbelto. Agradeço, mas questiono por que sempre sou preta linda, e nunca apenas linda? Por que é de um jeito e não de outro? Pela diferença de tratamento começo a entender aos poucos.

Minha existência representa a resistência de tantas noites de açoites e clemência.

O navio no cais e a sina resumida pela cor: ser a carne mais cara do mercado. Alto preço e sem valor.

Tenho no meu sangue a cor vermelha como todos, entretanto, constantemente preciso me reencontrar de novo.

Pra ter certeza de que o dizem é mentira. Não sou apenas uma preta linda. Não somos. Nossos cabelos em cachos, crespos e cacheados não representam apenas a beleza de ser preta, de ser preto.

Representa a força de nossas mentes resistentes a fome, a cruz e a espada.

A miscigenação forçada.

As chibatadas de um sistema que a tempos atrás não nos reconhecia sequer, como gente.

Século 21? Preto morrendo, ainda é só mais um.

Ainda hoje eles borbulham os gatilhos pro desanimo. Desvalorização de grandes crânios. Por não nascidos com a pele tão mais clara. Uma ganância que não justifica nada...

Lutas muita bem representadas, interrompidas por mortes muito bem direcionadas.

Marielle, a moça que não se contentou em ser apenas Globeleza. Incomodou, expôs, virou a mesa

O tiro doeu. Sangrou, como no engenho. Ainda tá presente.

Aqui nesse presa perpétuo o que só quem negou a própria natureza entende.

Falo a verdade! Sinceridade sem massagem, na mensagem.

Não me vitimizo, nem abaixo a cabeça.

Conscientizo a minha inconsciência negra. Sou preta. Luto e me resigno na mente que é onde o racismo realmente está presente.

Cor não é raça. Raça humana, cores diferentes. Nunca soberanas.

Poderia gritar e apoio quem o faz. Mas sei que mesmo sem grito, já venci o mito de que pela cor sou menos que qualquer outro. Humano.

Thayná Santos Teodoro Gonçalves tinha 16 anos em 2018, é natural de Lagoa Santa (MG), porém, atualmente, mora em Vespasiano (MG), onde cursava o segundo ano do Ensino Médio. Gosta de poemas e poesias, e tal gosto a levou a começar a escrever, e a participar do seu primeiro evento poético fora da escola, o *Slam* Porrada no Pensamento. A escrita, para ela, serve para expressar o que sente e pensa. Dedica-se aos estudos e a sua "pequena profissão" de manicure, mas sem deixar de procurar coisas novas por meio de eventos como sarau, *slam* e o que há de poesia neste mundo infinito.

1.
Mil nações
Moldaram minha cara
Minha voz
Uso pra dizer o que se cala
O meu país
É meu lugar de fala

Mil nações
Moldaram minha cara
Minha voz
Uso pra dizer o que se cala
Ser feliz no vão, no triste, é força que me embala
O meu país
É meu lugar de fala

Pra que separar?
Pra que desunir?
Por que só gritar?
Por que nunca ouvir?
Pra que enganar?
Pra que reprimir?
Por que humilhar?
E tanto mentir?!
Pra que negar
Que o ódio é que te abala?

O meu país
É meu lugar de fala
Mil nações
Moldaram minha cara
Minha voz
Uso pra dizer o que se cala
Ser feliz no vão, no triste, é força que me embala
O meu país
É meu lugar de fala
Pra que explorar?
Pra que destruir?
Por que obrigar?
Por que coagir?
Pra que abusar?
Pra que iludir?
E violentar
Pra nos oprimir?
Pra que sujar o chão da própria sala?
Nosso país
Nosso lugar de fala
O meu país
É meu lugar de fala
Esta letra nos ajuda a resistir
Resistir à opressão e ao medo
O nosso país é o nosso lugar de fala
E ninguém pode nos tirar isto

2.
Sou estudante de escola pública, nunca estudei em alguma particular, nunca fiz cursinho pago.
E o que eu mais escuto são pessoas dizendo que pobre não é capaz, pobre não consegue fazer uma boa faculdade, que nós vamos ter que aproveitar as cotas.
Tudo bem, concordo que existem barreiras que nos atrapalham a "chegar lá". Mas eu quero deixar bem claro pra quem me ouve e pra quem desacredita: eu sou capaz! A classe baixa é capaz e, se quiser, ela vai chegar lá sim!
As barreiras estão aí para serem quebradas, superadas, ultrapassadas. Nós podemos e vamos destruir este paradigma. Chega de exclusão! Eu repito: eu vou chegar lá e vou mostrar pra vocês que para mim não tem essa de que o mundo é reservado para os "senhores" brancos e de classe alta.

3.
Devemos resistir, devemos ser resistência
Okay, eu já sei disso, mas hora e outra eu me pego não resistindo, me pego sendo usada para sustentar a contraposição.
Sim, eu vacilo, mas o padrão está gravado na minha mente.
Aquele clássico padrão...
Negro é feio, branco é bonito
Homem sabe trabalhar, mulher só serve para cuidar de casa
Médico é importante, lixeiro não é
Tá gravado na minha mente!
Antepassados trouxeram isto para mim, geração por geração
Colocaram em minha mente um conceito prévio de gênero sexual, cor de pele, profissão e outros
Se ao menos fossem conceitos de valor, que não discriminam nem menosprezam alguém, mas não são!
São conceitos ruins e eu não quero que um dia eu seja por passar isto para frente
Vamos ficar atentos para resistirmos, não permitirmos que isto passe para frente.

Máquinas de expressão

Não existe enunciado individual, nunca há. Todo enunciado é o produto de um agenciamento maquínico, quer dizer, de agentes coletivos de enunciação (Deleuze e Guattari). O que é enunciado nunca é em nome próprio. Para Deleuze e Guattari, o nome próprio surge justamente depois do mais radical exercício de despersonalização do indivíduo, e este adquire um nome próprio apenas depois de se abrir para as multiplicidades que o atravessam. *[P]or "agentes coletivos" não se deve entender povos ou sociedades, mas multiplicidades* (Deleuze e Guattari). Josefina, a cantora ratazana de Kafka, renuncia ao exercício individual de seu canto para compor, junto com seu povo, uma enunciação coletiva. *O enunciado não remete a um sujeito de enunciação que seria sua causa, assim como também não remete a um sujeito de enunciado que seria seu efeito* (Deleuze e Guattari). Kafka recusará a literatura de autor ou de mestre. *A literatura tem menos a ver com a história literária do que com o povo*, ele disse. Segundo Deleuze e Guattari, para Kafka, a literatura expressa agenciamentos coletivos de enunciação, que são *potências diabólicas futuras* ou *forças revolucionárias a serem construídas*. É claro que existem enunciações edipianas, nos lembram, toda uma história de castração, porém, ainda nestas se agita uma desterritorialização de matilha que poderá vencer.

Em que medida a pessoa de rua sofreu já uma despersonalização a ponto de que, de sua boca, saia um enunciado que seja coletivo, de uma minoria, de um povo? Estará despersonalizado não porque não tem documentos e tampouco emprego ou casa, mas porque está atravessado por uma multiplicidade; seu nome *remete aos devires, infinitos, intensidades de um indivíduo despersonalizado e multiplicado?* (Deleuze e Guattari). Multiplicidade é n-1, rizoma, ou seja, é tudo menos o uno, qualquer coisa exceto a identidade, a essência imutável dada *a priori*. Jovens, não adaptados, buscadores, inventores de outras formas de subjetividade, estarão também eles despersonalizados, alheios à fidelidade a um *eu* primordial de onde tudo emana e para onde tudo volta como o Mesmo? As mulheres, os negros, LGBT+, os loucos... minorias.

Os discursos expressados em nossos *slams*, improvisados ou não, emitidos por um morador de rua, por um louco, uma jovem estudante, um drogado, uma professora, não foram enunciações de seus próprios umbigos, senão enunciações coletivas, palavras-teia de aranha que produzem agenciamentos, que falam de um povo por vir. Sim, queremos acreditar nisso. Seriam discursos que podem *exprimir uma outra comunidade potencial, forjar os meios de uma outra consciência e de uma outra sensibilidade* (Deleuze e Guattari).

O Wanderley e o cara da jaca

Wanderley era baixinho, um metro e sessenta e pouco, da minha altura. Conversamos bem de perto, olho no olho. Ele estava vestindo uma camisa de futebol oficial da seleção, amarela, um pouco grande demais para seu corpo (nessa época a camisa da seleção já tinha sido abduzida como símbolo dos bolsonaristas, mas, tenho certeza, Wanderley estava para muito além disso). Ele chegou logo que a gente estava montando tudo para a nossa finalíssima, perguntou o que era aquilo, eu expliquei, quem mora na rua também pode falar? Claro! Ele disse: eu quero falar. Como é o seu nome? Wanderley. Ok, Wanderley, você será o primeiro, já te chamo. Ele tinha uma postura de quem queria sumir, meio encurvado, com os braços flexionados na frente do corpo, cotovelos colados na cintura, as mãos segurando um pano com alguma coisa, tinha os olhos verdes, meio opacos, muito atentos, ficou por ali, no canto, esperando. Quando eu comecei a apresentação do *slam*, incitando os presentes a participarem com suas expressões sobre o trabalho das finalistas que ali estavam para se apresentar, rapidamente Edmundo, o ator convidado para a *performance*, se adiantou, pegou o microfone da minha mão e começou um discurso um tanto *nonsense*, Wanderely se aproximou de mim, esperando. Assim que eu pude dar andamento ao evento, chamei Wanderely, que, com o microfone na mão, virou um leão, exuberante e enorme, soltou sua voz em um *rap* surpreendentemente belo. Quando acabou foi literalmente ovacionado pela plateia bastante heterogênea e grande que tínhamos naquela noite. Ele pareceu satisfeito, eu o parabenizei, tiramos fotos juntos enquanto Edmundo continuava sua *performance*. Wanderley me disse que queria falar mais. Eu pedi que esperasse, pois tinha uma certa ordem. Rogério, um senhor idoso, negro, de camisa branca, já tinha sido carinhosamente reconhecido por Edmundo e apresentado a nós como seu colega no uso dos serviços públicos de saúde mental. Este Rogério queria falar e com o microfone na mão balbuciava algo, de forma lentíssima e absolutamente inaudível. Raissa, uma das finalistas, moça muito bonita, cheia de energia e alegria, sentada ao meu lado, pedia que eu o tirasse de lá. Não, não é assim, ele também pode falar. Eu me aproximei, pedi que ele falasse mais alto, não adiantou, pedi para Edmundo falar com ele, depois de um tempo o microfone pode ser passado para o próximo, Wanderley, inquieto, me pede para falar, e eu novamente digo que ainda não é sua vez, o evento continua e, quando finalmente acho a brecha para encaixar mais uma apresentação de Wanderley, ele não está mais lá, chamamos, procuramos com os olhos ao redor e seguimos com a sua ausência. Depois de bastante tempo, quando o *slam* já tinha acabado e estávamos lá, com o microfone no pedestal, livre para uso geral de quem quisesse expressar qualquer coisa, vejo Wanderley voltar. Eu levanto e me aproximo para perguntar se ele quer ainda falar. Ele está estranho, seus olhos olham, mas não veem. Eu penso: ele voltou, mas não está aqui. Ele pega o microfone e não consegue falar, agoniado, olha para mim, que esqueci meu corpo parado ali a seu lado, e diz: não é fácil não. Falo algumas palavras de incentivo, ele quase grunhe algo, mas não consegue falar nada, nada do que tinha querido falar antes, quando estava com pressa, agora o leão era uma lesma, olhava para mim de forma a atravessar meu corpo, olhar longínquo e dizia: pensa que é fácil? Não é fácil não, lentamente. Estava completamente drogado. Que bosta.

O cara da jaca a gente só encontrou muito depois de o *slam* ter terminado e a gente se sentar na mesa de um bar, na calçada. O bar é simples, mas muito bom pelos petiscos e cerveja gelada e muito conhecido pela boa música. Boas seleções de *rock*, MPB, *reggae* e *jazz* são reproduzidas ali. Passavam muitos pedintes e vendedores, a todo o momento interrompendo a nossa conversa, cada um com sua história e seu drama pessoal mais ou menos ensaiados para contar. Entre insistentes vendedores de amendoim e crianças com rosas murchas nas mãos, depois de meia hora cada um de nós já tinha desembolsado um bom par de notas de dois reais. Combinamos de não darmos mais, aquilo não era possível, estávamos expostos na rua, à mercê da desgraça social e econômica do nosso país, que está empobrecendo rapidamente, não só financeiramente, nos últimos anos. O nosso modo fechado de agradecer negando as ofertas foi as afastando para uma dimensão em que já não incomodavam, quando de repente uma figura estranha rompe isso, sugando nossa atenção. Um homem magro, cabelos longos, vem descendo a rua com uma jaca grande embaixo de um dos braços e se dirige diretamente a nós de forma clara e franca: oi, pessoal, vocês não querem comprar essa jaca? Ficamos surpresos e atrasados em uma resposta, admirando, até que eu perguntei: onde você arrumou essa jaca? No Parque Municipal. Eu subi na árvore e peguei. Eu quero vender porque preciso de dinheiro para tomar banho. Na rodoviária o banho custa 10 reais. Realmente, no Parque Municipal há jaqueiras... há abacateiros, ele roubou essa jaca? De quem são as jacas do Parque Municipal? Não seriam um pouco nossas, também? Não importa, ninguém pensou nisso naquele momento. Eu, para falar a verdade, pensei em John Locke, filósofo político do século dezessete que faz uma longa explicação sobre como aquele que empenha sua energia de trabalho sobre alguma coisa tem o direito natural de propriedade sobre ela, como um homem que colhe bolotas de carvalho. Como um bom liberal, ele quer justificar a propriedade privada como direito natural. Essa argumentação de Locke vai ficando mais complexa até ele chegar a justificar a exploração do trabalho de um homem por outro, mas esta parte nós desprezamos. Eu pensava em como aquele cara tinha sido sagaz no seu modo de conseguir algum dinheiro. O homem era um quase mendigo e subiu na jaqueira e queria tomar banho. De todo o inusitado da cena, o que mais nos tocou, tenho certeza, foi o seu modo franco de falar, muito direto, sem tentar nos enrolar com histórias questionáveis. Não queríamos a jaca, não quisemos a jaca, mas cada um de nós doou mais uma nota de dois reais, agora com gosto, para que ele pudesse tomar banho. Ele agradeceu alegre e educadamente e quando estava quase por se afastar da mesa nos chamou a atenção, com um dedo indicador apontado para cima, para que ouvíssemos: olha, é Pink Floyd, The Wall! E ouvíamos realmente uma música desse álbum, dessa banda e o homem da jaca acrescenta: esse bar toca músicas muito boas! E sorridente desce a rua em direção à rodoviária. Quem é essa pessoa? – eu penso. Cada vez mais me interessa saber quem são essas pessoas que vivem nas ruas.

Voltamos ao falar. E o corpo?

Apesar de eu sentir que a pesquisa estava indo bem, que muitas coisas tinham acontecido e que muito se podia tirar das nossas experimentações, um certo incômodo ainda persistia, e era relativo àquilo que eu havia imaginado antes, o que eu tinha querido que tivesse acontecido: que os corpos na rua se abalassem, se afetassem a ponto de saírem dançando.

Há poucos anos, assisti a um vídeo de uma extervenção de um grupo, em Israel. Eles faziam uma roda, de mãos dadas, e começavam a dançar – dança circular –, na calçada de uma avenida, e as pessoas que passavam se somavam à roda, e esta ia crescendo. À medida que a dança prosseguia, cada vez mais pessoas entravam, de modo que, inicialmente, a roda passou a ocupar, além da calçada, uma das pistas da avenida, até que a coisa cresceu tanto que ocupou as quatro pistas da avenida, obrigando o trânsito a parar. Ora, não sei que ação é essa, talvez aquelas dezenas de pessoas que foram entrando na roda fossem todas parte de um grupo previamente organizado (não pensei nessa possibilidade quando assisti), não importa. O que importa aqui é que essa imagem ficou no meu cantinho de mundo ideal, dentro da minha imaginação, como a extervenção perfeita.

Isto não aconteceu. As pessoas não saíram dançando por efeito das nossas extervenções, dos nossos *slams*. Isso não aconteceu. Mas o que aconteceu? As pessoas falaram. Na final do *slam*, o microfone estava lá e foi usado por muitas pessoas além das duas finalistas, espontaneamente. Em todos os *slams* as pessoas falaram. Quanto as falas dos *slams* reverberam e movem os corpos que ali assistem? – nos perguntava a Flávia, perguntando primeiro para si mesma. Em que medida se pode dizer que aquilo não é apenas um ato de fala, mas que atravessa os corpos também?

Judith Butler afirma que mesmo quando não estão apresentando um conjunto de reivindicações, até mesmo quando não estão falando, os corpos reunidos em assembleia estão fazendo um apelo por justiça e "dizem"; eles dizem *não somos descartáveis [...] estão reivindicando reconhecimento e valorização, estão exercitando o direito de aparecer, de exercitar a liberdade, e estão reivindicando uma vida que possa ser vivida* Esses corpos, mesmo quando não falam, quando reunidos em assembleias, na rua, clamam por uma vida mais vivível, não uma vida precária, não a vida ameaçada, marcada como um alvo.

O corpo se expõe, está presente, em agenciamento com outros corpos, e isso já diz muita coisa. O corpo se move até um lugar, se junta com outros, cria-se um amontoado de gente, esses corpos ocupam. A gente combinou pelas redes sociais e de comunicação o dia, a hora e o lugar, e tivemos efetivamente que deslocar nossos corpos e estar presentes, expostos, ocupando um espaço na rua, para falarmos o que quiséssemos, isso é um ato político, um ato de resistência ao encasulamento do entretenimento comercial. Não queremos nos entreter, ao contrário, viemos aqui para estar atentos; não estamos distraídos de nosso direito de existir na cidade. Não viemos consumir, viemos nos juntar e nos expressar.

[U]m corpo se define somente por uma longitude e uma latitude (Deleuze e Guattari). Um corpo é movimento e intensidade, ele não se define por denominadores genéricos e específicos que o caracterizariam, ele não se define por funções e órgãos, mas pelas velocidades que o compõem, os devires, o movimento de diferenciar-se de si mesmo, e se define também pelos afetos, os afetos que o compõem e os que pode provocar. Um corpo é uma multiplicidade que muda sua própria composição a cada vez que se agencia, a cada vez que se conecta com outros corpos. Assim, quando Flávia se pergunta sobre o quanto as falas dos *slams* reverberam e movem os corpos que ali assistem a eles, eu diria: muito, provavelmente muito, sem que possamos ou queiramos medir usando alguma unidade. Afetam-se e afetam os outros, trata-se da criação de uma rede, aberta e ressonante.

As pessoas não se deram as mãos para fazer uma roda dançante enorme que fechasse o trânsito da rua, mas não podemos dizer que estavam ali "apenas" falando. Estavam ali ocupando e se agenciando, estavam ouvindo, estavam criando conexões, formando um rizoma, que se dava em muitas dimensões, em um movimento de tentativa de criação de outras formas de subjetividade, *recusando esse tipo de individualidade que nos está sendo imposta há séculos* (Foucault).

Não nos deixamos dominar pelo desânimo, não nos deixamos dominar pelo medo, o horror, a repulsa, a desesperança, pois a dominação não permite revide. Só há possibilidade de combate, resistência, se há liberdade (Foucault), mesmo na dor, mesmo na indignação. Acho que fizemos isso.

Quem pode falar

Quem foi aos *slams* preparado para falar, quem foi para ver e resolveu falar na hora, quem nem sabia que aquilo aconteceria ali e quis o microfone para falar, quem, depois do fim do *slam*, quis falar seu poema, quis cantar, quis falar o que quis, o que falou? O que falaram essas pessoas? O que tanto tanta gente tinha para falar, afinal? O que nos parece é que esses eventos de *slam* são espaços abertos de fala daqueles que geralmente não têm espaço para falar. Não se trata tanto de "dar a voz" àqueles historicamente silenciados, mas de dar ouvidos. Ou mais ainda: de calar-se. Brancos, heteros, cisgêneros, acadêmicos, família tradicional, calai-vos para que se possam criar vacúolos de silêncio para ecoar a voz dos malditos, daqueles que foram amaldiçoados e torturados por milênios, negros, pobres, mulheres, gente com orientações sexuais diversas... mendigos, jovens periféricos, dissidentes em geral. Dar ouvidos é dar atenção, dar importância e tomar como passível de consideração; dar ouvidos é calar-se para que outras versões, elaboradas de outros modos, possam ser expressadas.

Deleuze critica o excesso de proposições sem sentido, que não despertam o menor interesse. Fala-se demais, fala-se o óbvio, o já falado mil vezes. *Às vezes se age como se as pessoas não pudessem se exprimir. Mas de fato elas não param de se exprimir [...] estamos trespassados de palavras inúteis, de uma quantidade demente de falas e imagens* (Deleuze). Quem são essas "pessoas" que não param de se exprimir? A crítica deleuzeana aqui é à besteira e é ele quem reivindica *vacúolos de silêncio* a partir dos quais se pudesse falar algo que interessasse, algo que importasse. As minorias, de fato, não podem se exprimir, a não ser nesse sentido colocado aqui por Deleuze, quando também elas passam a reproduzir discursos, palavras de ordem e jargões da mídia, da moda, da morte. No entanto, se chegar a ser possível instaurar esses vacúolos de silêncio para que se possa exprimir algo que seja invenção, algo que advenha do pensamento, certamente não serão as minorias a ter espaço para falar.

Em Spivak, encontramos ressonância teórica dessa nossa intuição da rua, pois ela afirma que o *silêncio subalterno* não é produzido por um não-falar deste, mas como um resultado da não-escuta do colonizador.

Pode um cu mestiço falar?[12] – nos pergunta Jota Mombaça.[13] Nesse artigo, essa *bicha guerrilheira* traz muitas referências de pensadores que estão à margem da produção acadêmica hegemônica europeia branca, do colonizador macho hetero/cis, para, justamente, denunciar a pobreza e o poder de destruição dessa versão única.

Mombaça segue Spivak na ideia de que *x subalternx não pode ser escutadx ou lidx*, como ela reformula. Como se sabe, Spivak dá à pergunta que coloca, "Pode o subalterno falar?", uma resposta negativa, e a coloca em uma esfera não mais física, mas política, no sentido em que estamos tratando aqui. No entanto, Mombaça não segue essa resposta, ao contrário, a reverte completamente, pois a resposta é sim e também porque a fala não sairá mais da boca, mas do cu, como ela coloca.

Verarschung é uma obra em vídeo realizada por Pedro Costa, performer e ativista queer, brasileirx, que vive em Berlim. Esse trabalho foi enviado a Mombaça para ser exibido no evento organizado por ela, em 2013, na Universidade Federal do Rio Grande do Norte,

---

[12] http://www.buala.org/pt/autor/jota-mombaca.
[13] https://jotamombaca.com/about-sobre/.

chamado *Que pode o korpo?* Nessa obra, Costa faz a montagem sonora de uma série de citações, à primeira vista, sem uma relação direta entre si, misturadas com trechos de músicas e reflexões próprias, compondo um discurso múltiplo em vários idiomas, e tendo como imagem o seu próprio ânus contraindo e descontraindo. A plateia, que esperava assistir a uma videopalestra – como esta obra havia sido anunciada no evento –, teve toda sorte de reações, da repulsa absoluta ao divertimento. Costa quer se aventurar em outros limites do pensamento. Para Mombaça, a palestra anal de Costa rompe com a inteligibilidade heterocissexual, que não consegue classificar aquele sujeito de fala, assim como desagrega uma biopolítica que regula, classifica e determina os corpos segundo saberes das ciências hegemônicas, definindo-os por seus órgãos em relação às suas funções e definindo seus lugares, tempos e papéis. *Pedro se posiciona num espaço político de enunciação contra-hegemônico, fora do eixo dominante de produção científica [...] ao falar, necessariamente redefine, local e molecularmente, as gramáticas sobre como e o que falar* (Mombaça). Mombaça desenvolve uma forte argumentação pautada em referências teóricas para, ao final de seu ensaio, responder, contrariando Spivak, que, sim, um cu mestiço pode falar.

Ora, por que eu trago aqui esse ensaio? Porque mais uma vez encontro ressonâncias de intuições nossas, quando em busca de uma filosofia que dance, nos colocamos a pensar as epistemologias do sul como aquelas que são feitas a partir do sul do corpo, do umbigo para baixo, as vísceras, os pés, o mover-se para gerar novas formas de pensar, estar lá e fazer. Trata-se de contestar o espaço hegemônico de enunciação e de expressão não apenas nas instituições e na cidade, mas no próprio corpo. Corpos gordos e corpos magros, perfurados e desenhados; corpos dançam, corpos falam, se juntam e se expressam. Corpos que se definem a partir daquilo que os afeta, dos seus agenciamentos, quando se conectam.

Mombaça estica fronteiras quando, em atitude contundente, questiona de forma radical o sistema que determina o estatuto da fala. Em suas palavras, *a obra de Costa rompe com um "corpo-política do conhecimento que procura territorializar os órgãos do corpo que servem para pensar (cabeça), escrever (mãos) ou falar (boca), e aqueles que não são capazes de mobilizar pensamento algum (o próprio cu, por exemplo)*. Em algum momento, aqui neste livro, nós nos questionamos sobre se as mãos do ceramista pensam, por exemplo. Agora, ampliamos nossa pergunta: corpos que se conectam e vão às ruas e se juntam em atos como os *slams*, por exemplo, estão fazendo política? Estão fazendo ética? Para quem falam? Falam para si mesmos? Essas ações adquirem *status* de fala, ultrapassam os espaços periféricos, excluídos (mesmo que fisicamente centrais como uma praça ou debaixo de um viaduto importante na cidade) e são ouvidas? *Mesmo a cidade mais estriada secreta espaços lisos: habitar a cidade como nômade, ou troglodita. Às vezes bastam movimentos, de velocidade ou de lentidão, para recriar um espaço liso* (Deleuze e Guattari).[14] Os movimentos de velocidade ou lentidão são componentes dos corpos, é o modo de ocupar que torna os espaços lisos, e estes espaços são espaços de afetos mais do que

---

[14] O espaço liso opõe-se ao espaço estriado; este, espaço do aparelho do Estado, aquele, da máquina de guerra. O espaço liso é descentrado e cresce sem limites para todas as direções, enquanto o espaço estriado está preso às coordenadas. [N]um espaço-tempo liso ocupa-se sem contar, ao passo que num espaço-tempo estriado conta-se a fim de ocupar (Deleuze; Guattari). Em relação a essa oposição, no entanto, não se pode pensar em termos de oposição simples, de contradição excludente, pois há um constante movimento de um tornar-se o outro. Estão em constante mistura e metamorfose, no limite do estriado há o alisamento e vice-versa. Os termos não estão na mesma dimensão, não se chocam de frente, eles se desencontram na espiral, há sempre uma saída que permite a criação de uma nova dimensão. Há uma diferença muito mais complexa entre espaço liso e estriado – espaço nômade e sedentário, entre o espaço máquina de guerra e o espaço instituído do aparelho de Estado –, além daquela de fazer uma oposição simples entre eles, pois entre esses espaços há não apenas a possibilidade de coexistência, mas, a despeito da contradição, cada um dos dois só existe em razão da mistura que não param de fazer entre si. [O] que distingue as viagens não é a qualidade objetiva dos lugares, nem a quantidade mensurável do movimento [...] [mas], a maneira de estar no espaço, de ser no espaço. Viajar de modo liso ou estriado, assim como pensar (Deleuze; Guattari).

de propriedade, o espaço liso é ocupado por acontecimentos. Mas cuidado: *[j]amais acreditar que um espaço liso basta para nos salvar* (Deleuze e Guattari), pois ele não existe em si, ele existe na medida em que os corpos se movem, assim como não basta proferir palavras-chavão revolucionárias; é necessário torcer as palavras até que delas saiam faíscas que encontrem o gás que entra pelas narinas.

CONCLUSÃO

Como um cão

Pela primeira vez, talvez, pude ter a experiência de *[e]screver como um cão que faz seu buraco, um rato que faz sua toca* (Deleuze e Guattari), escrever na minha própria língua, escrever sem saber de antemão o que escreveria, escrever para encontrar algo que não se sabe o que poderá ser, para talvez esconder o meu osso, para encontrar refúgio, para tentar sair do outro lado.

O que se tentou nesta pesquisa foi experimentar uma forma de resistência ao modo de pensar colonizado pelo humanismo logocêntrico europeu, que andou sempre de mãos dadas com o capitalismo. Essa busca da extinção do abismo entre pensar e fazer seria, por estranho que pareça, uma antitotalização. A relação entre teoria e prática, quer se entenda que uma seja a consequência da outra, ou, ao contrário, que seja sua causa, é, de qualquer modo, concebida como um processo de totalização (Deleuze). Concebem-se duas coisas contrárias e complementares que remetem uma à outra, formando um todo, e um todo, por mais partes que tenha, é fechado, tem seus órgãos e suas leis predeterminados e universais em seu interior. Deleuze nos pergunta: *Não será o logos universal, o gosto pela totalização, que se encontra [...] na verdade racional e analítica dos filósofos, [...] no simbolismo convencional das palavras que todos empregam?* Esse *logos* universalizou-se na sua comunhão com o Estado. Segundo Deleuze e Guattari, há uma imagem do pensamento que o recobre todo, fechando-o em si mesmo, impossibilitando que tenha contato com o fora – já tratamos disso anteriormente, quando falamos sobre o pensamento. E este estaria conformado a um modelo que ele pega emprestado do Estado, seria uma forma-Estado que cresce no pensamento e o envolve por completo. Segundo os autores, há uma aliança entre razão e Estado que é interessante para ambos. A imagem clássica do pensamento tem duas cabeças antitéticas que se complementam, em uma relação de necessidade mútua; de um lado, há um *imperium do pensar-verdadeiro*, e de outro, *uma república dos espíritos livres*, como eles colocam em *Tratado de Nomadologia*. Tudo se passa como se o pleno desenvolvimento da racionalidade dos indivíduos livres só se realizasse na decisão de se organizarem no interior dos Estados. Como se a prova máxima de racionalidade de um indivíduo fosse decidir só obedecer a si mesmo, à sua própria razão, obedecendo ao Estado. Nessa aliança, ambos ganham, o Estado se dilata no pensamento e se torna um consenso e o pensamento adquire uma interioridade e uma importância que não conseguiria sozinho, se movimentando de forma a gerar cada vez mais credibilidade na sua eficácia, engendrando a crença generalizada de que é por sua causa que se dá a existência de todas as coisas, inclusive a do Estado. Assim, é esse pensamento/razão que cria a ficção de que o Estado é universal de direito, a razão (*logos*) dá fundamento ao Estado. Trata-se de uma forma-Estado de pensar que se desdobra, segundo nossa concepção, em uma forma-Estado de sentir e em uma forma-Estado de perceber, até uma forma-Estado de desejar, é a versão de mundo única e fechada em um todo.

Perseguir obstinadamente um outro modo de pensar nos leva a recusar o tradicional sistema de um todo composto por pares de opostos complementares como a forma estrutural do mundo e de tudo que o compõe. Pensamos ter encontrado aqui a razão de ser do abismo, este abismo entre o falar (expressão daquilo que se pensa, do que se acredita) e o fazer, as ações que supostamente corresponderiam ao falar. Essa não-correspondência abismal entre falar e fazer, que se tornou norma em nossa civilização, e que tanto nos incomoda, é possível justamente por causa da distinção, também normal, que se faz entre teoria e prática. Assim, não podemos aceitar a existência de uma prática como uma aplicação de uma teoria. O que há é um rizoma, composto por relações mais do que por coisas. Para me ajudar nessa ideia, seleciono a seguinte citação de uma conversa entre Deleuze e Foucault sobre os intelectuais e o poder, sobre a aplicabilidade de uma teoria à prática, como quando um filósofo se ocupa das questões vigentes no presente ou mesmo quando sai às ruas em passeatas, para reivindicar algo. Para Deleuze, não existe aplicabilidade, mas outra coisa: *[...] um sistema de revezamentos em um conjunto, em uma multiplicidade de peças e de pedaços ao mesmo tempo teóricos e práticos. Para nós [Deleuze e Foucault], o intelectual teórico deixou de ser um sujeito, uma consciência representante ou representativa. Aqueles que agem e lutam, deixaram de ser representados, seja por um partido ou um sindicato que se arrogaria o direito de ser a consciência deles. Quem fala e quem age? É sempre uma multiplicidade, mesmo na pessoa que fala ou que age. Nós somos todos grupúsculos [grupelhos].*[15] *Não há mais representação, há tão-somente ação, ação de teoria, ações de prática, em relações de revezamento ou em rede.*

    Não há representação porque não há essências, mas acontecimentos. E o que seria isso? Não se trata de perguntar "O que é?", mas sim "O que acontece?". No entanto, "o que acontece" não é o que aconteceu e tampouco o que acontecerá. Tome o exemplo de alguém que corta a mão com uma faca. O que se tem? Carne sã, o gesto, carne cortada, a faca, o sangue, a dor. O cortar é incorpóreo, não é o que aconteceu, o acontecido, não é tampouco o que acontecerá, mas

---

[15] Do francês, *groupuscules* pode ser traduzido por grupúsculos, como o fez aqui Roberto Machado, mas também por grupelhos, como encontramos na tradução de Suely Rolnik em *Somos todos grupelhos* (Guattari). E foi exatamente daí que tiramos o nome de nosso grupo e o escrevemos com letra minúscula inicial, invariavelmente. No uso comum, a palavra grupelho carrega em si um sentido pejorativo. No entanto, o uso que fazemos dela é afirmação de posição política e filosófica. No sentido político, o uso dessa palavra – grupelho – se refere aos pequenos grupos dissidentes do Partido Comunista, que, na década dos anos 1970, se configuraram como movimento intelectual de oposição ao sistema comunista. 'Dissidentes' corresponde à palavra russa *inakomysliachtchie*, *'os que pensam de outra maneira'* (Foucault). E, no sentido "ontológico", grupelho, grupo menor, atualiza a ideia de que toda subjetividade é, de certa forma, grupal, uma multiplicidade singular, em movimento, composta mais por acontecimentos do que por substâncias, mais por relações do que por essências.

aquilo que está entre esses dois. É o devir, o movimento de uma coisa à outra, mas não se confunde com nenhum dos estados de coisas. Trata-se do acontecer, um infinitivo não-cronológico. O que vemos são estados de coisas, pode-se perceber um ser neste momento, porém há nele uma dimensão que coexiste a ele que é algo que já se movimenta nele, que é aquilo que ele está deixando de ser, que é o que está entre esse estado de coisas e o próximo. Como a carne sã e a carne cortada. Pode-se dizer que há já um passado naquilo que é, que está aí neste momento, conjuntamente com o seu presente. O devir, o movimento no infinitivo de qualquer verbo, desatrelado de uma pessoa, não é passado, não é futuro e tampouco presente no sentido de ser, porque está fora do universo de Cronos. *Um acontecimento pode ser colectivo ou particular, perceptível ou microscópico, mas é sempre impessoal, assubjectivo, do tipo: chove* (Dias).

Para Deleuze, a filosofia se ocupará exatamente deste "entre", que é o acontecimento, incorpóreo e incapturável, e não de essências. Se a filosofia é pensamento, se ela é um modo de pensamento, e se a filosofia é criação de conceitos e os conceitos são acontecimentos e não definições ou noções gerais, a filosofia é acontecimental, o pensamento é acontecimental. Ou ainda, se o que há não são essências e sim acontecimentos, então o pensamento se faz por acontecimentos, ou de modo acontecimental. É aquilo que dissemos quando tratamos do pensamento como deambulação, anteriormente. Pensar não é um caminho entre o sujeito e o objeto, mas um fluxo no que se passa entre os seres, tecendo suas relações. Trata-se aqui da conhecida discussão da troca do "é" (o ser), pelo "e" (as relações). O pensar é rizomático – sendo assim criação de sentido a partir das relações entre as coisas –, o pensar não é busca da verdade das coisas, esta transcendente e dada *a priori*. Há uma inversão aqui, pois se trata de pensar as coisas e os seres a partir de suas relações, e não o contrário, como historicamente se tem feito. O pensamento assim concebido é experimentação, é uma composição mutante. Trata-se de *[a]* cada vez, experimentar novas relações entre os seres, construir novas composições, uma geografia inédita, o pensamento como plano de composição onde as relações, os acontecimentos, se tecem e se destecem (Dias), assim como os seres, que se compõem e se recompõem a cada nova relação/conexão.

Essa experimentação de novas relações, a variação nas relações, como se dá? Ela se dá pelas ações, se dá por aquilo que afeta e pelas circunstâncias, que mudam constantemente; ela se dá pelos problemas, por aquilo que move o pensamento. Eis aí a co-implicação entre pensar e fazer: se são as ações que fazem variar as relações entre as coisas, se são os problemas (práticos) que movem o pensamento, então é possível propor mexer o corpo (ação) para gerar novas formas de pensar, já que o pensamento é experimentação de novas relações entre as coisas.

Na introdução deste livro, nos perguntávamos: "Como mexer o corpo de modo a enxamear signos que possam disparar o pensamento? Como mover o pensamento por meio do corpo?" Agora sabemos que sim, pode-se incitar novas formas de pensar por meio dos corpos, por meio de ações que afetem os corpos. Isto porque o pensamento está sendo concebido aqui não como *logos*, mas como *pathos*, porque ele se configura nas relações, nos encontros entre os seres, pela afecção mútua entre as coisas. Entenda-se *pathos* como uma disposição, como o estar passível de sofrer ações e sentir, e também de provocá-las. A essa palavra grega foi sendo atribuído como único significado aquele relacionado à doença – patologia –, mas, no nosso modo de usar, aqui, seu significado está em uma relação muito próxima com o afecto spinozano. Ou seja, como se trata de encontro, nas ações, nas ruas, como se trata de afetar o outro, de atravessá-lo com signos, então trata-se também de *pathos*. Além disso, as variações no pensamento por meio de ações, ações dos corpos na rua, ações em relação a si e aos outros são um movimento ético, como já dissemos, pois são ações perante o outro, em relação a si e que pretendem

Fazer filosofia com o corpo na rua ○ 151

afetá-lo de forma a fazer variar seu pensamento, para que ele possa agir de outras formas, também em relação aos outros.

Porém, tomemos o cuidado de não pensar linearmente, colocando uma coisa primeiro, que causa outra, que por sua vez causa outra e assim sucessivamente. Ação e pensamento se dão ao mesmo tempo, porque ambos estão ligados ao acontecimento. Não seremos nós a restituir pares de opostos complementares, aqueles que formam um todo. Gesto/ação e pensamento/relações estão compostos em rede, rizomaticamente, se tecem e se destecem.

A partir do entendimento do pensamento como acontecimento, aberto para conexões extrínsecas imprevisíveis – encontros, *pathos* – é que mais uma vez afirmamos que nossas extervenções e *slams* foram práticas de enxameamento de signos na direção de afetar os corpos para criar novas formas de pensar e de sentir e de perceber, uma tentativa de criar novas formas de subjetividade, e isso nada tem a ver com levar algo à consciência. Seria o louco, mais do que o pregador, enunciando ao léu outros mundos possíveis. *Já não dispomos da imagem de um proletário a quem bastaria tomar consciência* (Deleuze). Não vamos "mudar o mundo", não existe mundo, não desejamos a revolução. Tratou-se de pequenos gestos filosóficos, devires revolucionários, nos agenciando em bando ex-tranho.

Seria muito confortável nos orgulharmos de termos levado a filosofia para as ruas, aliás, onde ela nasceu e de onde nunca deveria ter saído. Mas não vemos assim. Não fomos para a rua socraticamente interpelar a cidade sobre o ser das coisas por meio de diálogo investigativo, não é o *logos* socrático que nos interessa, mas sua patética e sua ética, assim como para os cínicos, e estes sim nos cabem melhor como exemplo. Antístenes, o primeiro cínico, admirava Sócrates não por seus conhecimentos especulativos, mas por sua força de ânimo para ter uma vida moral autossuficiente, ou seja, por sua ética. Considerava importantes os ensinamentos socráticos sobre o Bem como a única virtude, que serve de parâmetro para se avaliar o que os homens chamam de bens, mas que são falsos, pois emaranham os homens em falsas necessidades que os escravizam. A ética cínica se caracterizou por uma ácida crítica às convenções sociais, o que faz com que os cínicos sejam descarados e irreverentes. Cínicos, em grego *kynikós*: como um cão. O cão de rua que é incansável, é simples e despojado e não se submete às regras sociais e seus valores. O ideal do sábio para os cínicos era o de domínio completo das paixões, pois, para eles, o prazer corrompe e enlouquece. Uma vida que se leva como um cão é a do falar verdadeiro: o escancaramento das falsidades dos valores da vida social que são comumente compartilhadas como necessárias e boas para a vida. Diógenes, discípulo de Antístenes, é personagem de anedotas muito famosas como aquela que conta que ele vivia nas ruas, adepto da mendicância – agindo em conformidade com o que dizia acreditar –, abrigando-se em um barril. Certa vez, quando Alexandre, o Grande, se aproximou e perguntou o que podia fazer por ele, Diógenes responde: *Não tire de mim o que não pode me dar. Saia da frente porque está me tirando a luz do sol.* Irreverência. Ou uma outra anedota que conta que ele saía com uma lanterna acessa nas ruas da cidade, de dia, declarando estar procurando um homem verdadeiramente justo. Insolência.

Em relação aos cínicos, não se tratou de escola filosófica apenas teórica, mas vivida na imanência de seus corpos, sem qualquer abismo entre o falar e o fazer. Não se tratou de ensinamentos por meio da investigação dialética socrática. Seus ensinamentos eram passados em forma de exercícios que levavam ao ato virtuoso, não eram, portanto, ensinamentos teóricos, pois para eles a virtude está nas ações e não no que se fala e se pensa. E assim nos aproximamos desse modo cão.[16]

Além disso, há outro aspecto dessa forma canina de viver que se encontra com a nossa. Antístenes foi conhecido como

---

[16] Cão: cão de rua, livre, deambulante, não um "pet", não domiciliado, adestrado, docilizado.

Fazer filosofia com o corpo na rua ○ 153

opositor de Platão – que também foi discípulo de Sócrates –, visto que, segundo sua concepção, o que existe são as coisas corporais, aquilo que Platão chamou de mundo sensível, negando a existência do também platônico mundo inteligível, no qual estariam as essências das coisas. Apenas imanência, apenas ato e acontecimento. Teria dito Antístenes a Platão que ele podia ver apenas o cavalo e não a cavalidade. O que há são singularidades, corpos individuais, complexos, não há essências universais. Há o cão. Não há caninidade. Há filosofia. Há filosofia?

Saímos às ruas como um cão, um cão acadêmico insubordinado, o nosso acadêmico, buscando desviar do fortalecimento de regimes de verdade que excluem e amordaçam as minorias. Quem fala e quem age é sempre uma multiplicidade. Agilamos e fagimos em bando, à deriva pela cidade. Mas que importância tem, afinal, se uma mulher velha e gorda, revoltada e metida a pensadora acha que não está tudo óquêi entre o céu e a terra, não é mesmo? Tem toda.

Este livro, na sua primeira versão, foi o relatório de conclusão da pesquisa de pós-doutoramento – à qual já me referi na introdução – que entreguei em maio de 2019. Para ser editado agora, passou por uma revisão de minha parte e, ao lê-lo todo novamente, percebi que posso acrescentar um texto que eu escrevi há poucos meses, aqui no final. Escrevi o *Escrever como si menas* no meio de toda a confusão que foi, e ainda está sendo, pesquisar, dar aulas, orientar, durante a pandemia de COVID-19 e durante a destruição malévola das conquistas sociais das últimas décadas, que estamos sofrendo de forma medonha neste momento neste país. Diante do horror, é cada vez mais necessário inventar modos de revidar. Re-vida. Diante de políticas planejadas para nos matar, a nós, as minorias, *qualquer maneira de amor vale a pena, qualquer maneira de amor vale amar*, assim como qualquer maneira de resistência no combate ativo, inventando formas de restituir a vida digna, re-existência, vale a pena, vale inventar.

O texto a seguir fala disso: da impossibilidade de retroceder, é sobre fincar o pé e avançar. Como, de dentro da academia, podemos, as minorias, encontrar formas de afirmar nossas epistemologias, nossas formas de escrever e nossas formas de pesquisar? Metodologias dissidentes, escritas dissidentes, que escapam do hegemônico modo de conceber a ciência, toda essa questão que já tratamos aqui sobre teoria e prática. Se a pesquisa é vida, então terá de ser a nossa vida e é por isso que quando falamos em epistemologias não estamos nos referindo à produção de saber, como um produto, um objeto separado da vida, das subjetividades que estão envolvidas. Epistemologia implica em modos de agir, consigo mesma e com as outros, é uma posição política e ética no mundo, na ação de criação de mundos.

Esse texto vai adiante na busca de escrever como um cão que cava seu buraco.

ESCREVER COMO SI MENAS

Não quero escrever como todo mundo
Não quero escrever como todo mundo
Não quero escrever como todo mundo
Não quero escrever.
Eu danço.
Ponho aquela música insistente que me faz chorar e danço. Isso não é bonito. Danço esquisito. Minha barriga tem espasmos, meus braços curtos se alongam até as paredes e querem ser linhas de pescar jogadas ao salmão, que passa. As pernas pesadas se movem para cima em um esforço de leveza. Nada no conjunto faz um conjunto. É um juntado desconjuntado. É uma convulsão.
Não é verdade.
Eu quero escrever.
Quero escrever como mim mesma.
Como se escreve como si mesma?
Escrever como si mesma.
É necessário aprender uma língua para falar. A língua que aprendemos na escola é a língua oficial da nação. A língua que aprendemos no meio acadêmico é a língua oficial da ciência branca macha euro-centrada cartesiana. A língua deles, não a nossa.
Quem são eles? Quem somos nós?
Nós, mulheres? Existe uma escrita feminina? Uma escrita da Amulher? Não, porque a Amulher não existe, assim como qualquer universal não é ninguém, senão modelo, fôrma.
Mas sim, as mulheres existem, não por uma natureza específica, mas por aquilo que é feito delas, como os tubarões, que são considerados maus, sempre colocados nas histórias como maus, impressos neles os valores dos homens.
Mulher é um corpo que se compõe pelos afetos ruins do machismo, que tiram sua força de existir.

Ser mulher para mim foi ter que sentar direito, ter que falar direito, "Nossa, você parece um caminhoneiro!", minha mãe, muito sarcástica (e machista), me agredia e não me ajudava em nada. Comecei a falar palavrões. Ter que me comportar direito. O que era esse direito? Como uma menina, como são as meninas. Como são as meninas? A minha raiva só aumentava e aí menos "feminina" eu ficava. Por que tanta raiva? O processo de enquadramento doeu muito. Eu tive muitas amigdalites, muitas, a garganta fechada completamente, por placas de pus. Doía. Eu não conseguia engolir a saliva. Muita penicilina, injeção grossa, hematomas, febre alta, dor, muita dor, não poder falar, nunca poder falar. Não poder elaborar os pensamentos dos meus sentimentos, das minhas entranhas. Essa ponte, a garganta, estava interditada, eu tinha que pensar as coisas já pensadas. Não por outras mulheres, pelos homens. Eu tinha que me enquadrar no jeito que eles queriam. Loira de olhos azuis, sua gostosa, violão, que horror. Eu não podia abrir a boca para expressar as minhas ideias, podia abrir a boca para concordar com eles e achar bom. Meu treinamento para ser "feminina" não deu certo. "Você é uma bosta, uma bosta!" gritando, dedo em riste na minha cara. Uma vez eu tive um marido assim. Ganhar jogo de panelinhas no aniversário. Nunca dizer que o que ele fala é uma bobagem. Pedir permissão para falar. "Fale baixo!". Ficar contente quando receber permissão para falar. Ter que sentir que isso é o suficiente. "Tudo para você é machismo!?". Autoviolentar-se. Ser machista. Não engorde, não enfrente, não desafie, emburreça. Violência obstétrica, sofra, sofra muito. O obstetra, o anestesista, o pediatra, corja de filhos da puta, tirem as mãos de mim, parem de me cortar, me deem meu tempo, me devolvam meu corpo para que eu delibere sobre ele. "Você está louca". Ganhar jogo de panelinhas de aniversário. Bonecas, ganhar mais uma boneca. Achar que precisa "ter alguém". Sentir que precisa "ter alguém". Estar bonita, causar-lhes desejo. "Coma pouco". Sessões de tortura e mutilação, arrancar os pelos do corpo, diminuir isso, aumentar aquilo. Achar que é assim mesmo. Experiências de estupros variados. Compreender e apiedar-se do agressor. Achar que é assim mesmo. Ficar lisonjeada de ser considerada uma gostosa. Achar que não pode. Achar que não deve. Achar formas de se distrair do sofrimento. Ter mais um filho. Saber cozinhar. Administrar a casa e ter que planejar e organizar tudo, gastar tempo mental com isso. Não receber nada por isso, nem reconhecimento. Achar que não é tão ruim. Achar que podia ser pior. "Você nunca está satisfeita, é?". Achar que tem de se conformar, achar formas de se distrair do sofrimento, achar que é tarde demais. Achar que tem outras que estão pior. Não querer ficar sozinha. Não querer abrir mão do projeto inicial de fazer dar certo uma instituição que não dá certo há séculos, desde que foi inventada, casamento hetero-cis-macho-peludo jogando a toalha molhada em cima da cama. Repetir para si "eu não sou uma bosta, eu não sou uma bosta". Achar que tá fazendo diferente. Achar que é assim mesmo. Ter de ouvir recriminação de mulheres machistas. Encontrar formas de se distrair do sofrimento. Achar que pode travar luta feminista dentro disso. Calar a boca. Cabeça estourar na enxaqueca, vomitar. Ler livros de homens, ter aulas de homens, desejar sua admiração, desejar o reconhecimento deles à sua inteligência. Submeter-se à sua avaliação. O machismo pode se tornar tão sutil, porque é tão naturalizado, atravessa nossos nervos, vai tomando todo o corpo, nos formata, nos modula, muitas vezes irreconhecível, mas não imperceptível porque sempre nos adoece e nos mata, ou devagar ou com tiro na cara.

•••

Como ser uma mulher que não seja aquilo que querem nos fazer acreditar que somos? Como ser uma mulher que não seja aquilo que se tenta fazer dela? É necessário negar aquilo que somos. Porque não somos isso. É cultural e historicamente incutido em nós, as minorias: mulheres, negros, indígenas, LGBT+s, pobres, o povo, a sensação de sermos inconvenientes, a gente se sente menas e sente vergonha disso e devemos pedir desculpas. Mas quem está criando todo o mal-estar são eles, os brancos heterocisnormalizadores, colonizadores de corpos e mentes, falas, toda a existência. Existe um embate entre a sensação de ser menas e o fogo de *querer tomar de volta tudo o que foi historicamente usurpado de si*, amo Jota Mombaça – ela é que diz isso – e é aí que as minorias se embrenham na árdua tarefa de elaborar uma equação que alcance uma composição alegre, criativa e afirmativa da vida. Como, por exemplo, tentar escrever como si mesma, que pode ser uma forma de deixar de se sentir menas, e que pode ser uma forma de deixar de ser menas.

Os menas são os errados, corpos errados, cores de pele erradas, cabelos errados, desejos errados, línguas erradas, fora da norma, os anormais. Afirmar: nóis é menas e nóis vai falar menas o quanto nóis quiser! Afirmar: é um erro dos portugueses. Afirmação de uma posição política, de resistência. Afirmação daquilo que se é: nóis é menas e nóis vai escrever menas o quanto nóis quiser! Escrever menas, escrever como menas.

...

Escrever do jeito que se queira.
Escrever de modo que se possa expressar-se.
Escrever sobre si.
Escrever sobre as vivências de violência e opressão é uma forma de reviver o irrevivível. É uma repetição, re-viver, mas não é uma reprodução, nunca será igual, o idêntico não existe, na vida. A partir do exato momento em que pronuncio eu, já não sou eu, me tornei palavra, personagem, me tornei uma instância objetiva.
Escreviver-se. Escrevivo-me para *acordar os agressores dos seus sonos injustos* (Conceição Evaristo). Escrever-me para me

livrar daquilo que foi feito de mim e que não sou eu, escreviver, invento-me.

Uma autobiografia pode ser a confirmação do assujeitamento, o exercício do controle da confissão (e da culpa), nos alerta Margareth Rago. Não seria, portanto, qualquer escrita sobre si mesma que seria resistência, que seria escancaramento da violência e que poderia ser processo de restituição daquilo que nos foi extorquido.

Sendo assim, não, não se trata de assumir nada e sim de se livrar. Contar sobre as chibatadas para que elas se tornem algo fora de si. Pela escrita de si, é possível se reinventar.

Escrever sobre si é inventar-se, porém inventar uma outra, sempre será outra, pois essa aqui é impronunciável, ela é fluxo e odores, ritmos, pulsações e sensações, que não têm nada a ver com algo como "estou há horas sentada nessa cadeira e uma certa dorzinha no estômago me lembra que não comi". Mas, ao mesmo tempo, essa frase é tudo o que se tem, poderia ser outra, mas sempre teria de ter uma frase para "falar sobre". Como ultrapassar esse sujeito-objeto (alguém que fala de alguém, que é "ela mesma")?

Como a experiência pode estar na escrita de forma que sejam ambas uma coisa só? Como falar de si, sendo? Como falar de si inventando-se?

Trata-se de uma prática de liberdade, sempre circunstan-ciada, sim, pois é humana, tem as dimensões todas do social, econômico, político, familiar, físico, climático, dos acasos, tudo, mas ainda assim agir de forma tal que possa pautar sua própria vida, apesar de todos os condicionamentos, perseguir a autenticidade, a autoria da própria vida, falando de si.

As marcas dos assujeitamentos e opressão e violência não estão só no meu corpo, mas no corpo coletivo das mulheres. Não é uma fala só, é um agenciamento coletivo de enunciação. A escrita de si transborda o indivíduo, é ato político, falando sobre as minhas feridas eu escancaro quem bateu, o patriarcado como plano de opressão e morte, falo a verdade, não temo, falo por todas, mesmo por aquelas que não se permitem perceber, pelas que não admitem, pelas que têm covardia, pelas más. Trata-se da busca de diminuir até, quem sabe um dia, conseguir extinguir por completo a distância abismal que há entre o que se fala e o que se faz. Este é o ponto. O acontecimento se dá no nível da linguagem, sim, é preciso anunciar, é preciso enunciar, mas só se atualiza nos corpos, quando é efetuado, quando é ação. Isso é o que essa civilização perdeu, de forma quase absoluta, o abismo se tornou natural e aquelas que os apontam, as que tentam criar redes de conexão entre as duas partes cindidas, são agressivas, loucas, são inoportunas, incomodam, não? Sempre incomoda falar da sujeira varrida para debaixo do tapete, mas, ora, isso agora já transbordou o tapete, não dá mais para disfarçar, não, as coisas não são assim mesmo.

A coragem da verdade é também a coragem da solidão. E tem-se que ter muito cuidado para não ser colocada como a louca, porque personificada assim já não surte qualquer efeito. Devir-imperceptível: como estar visível, porém agir no modo guerrilheira, que não seja combatida com um cala-boca intransponível?

...

Ao escrever, a vida é exatamente o que ela é: uma loucura inventada, só que na literatura a gente repara nisso, pode-se ler devagar para tentar entender melhor ou voltar algumas páginas, para confirmar o que se passou. Na vida vivida no corpo, não. Isso não é possível. Isso não é possível por causa do tempo, *aquele que realmente tudo transforma* (Gil), e isso é inexorável. A gente vai sendo levada, e sempre com um pouco mais de lentidão do que a vida, dá-se conta sempre com um certo atraso, pois é necessário que as coisas já tenham se passado para que a gente possa tomá-las como fatos e a partir daí continuar vivendo. Não é fácil saber que os fatos são inventados, que são sempre coisas da memória. Quando são muito recentes, uns segundos, por exemplo, são chamados de interpretação. Uma interpretação é sempre uma memória.

...

Tem uma mosca deitada aqui no peitoril da janela.
Morreu.
Morreu de cansaço de tentar sair,
de querer atravessar através do vidro
entre ela e o mundo lá fora.
A janela estava aberta.
Ela não sabia nada
da necessidade de desviar.
Abandonar a língua deles. A língua de outrem. Desviar. Talhar a minha língua. Inventá-la.

Para falar de mim tenho que inventar modos de falar porque a língua maior, macha, branca, hetero, cis, intelectualizada, que está sempre preocupada com o seu próprio pinto, não está interessada na criação de modos de falar das minorias sobre suas vidas que, afinal, não importam. Quem tem de inventar isso somos nós. Não há ouvidos para nós. Furemos seus tímpanos (que de todo modo não nos servem) e falemos outras línguas, as nossas línguas, as que eles vão ter de aprender. (Dane-se esse "eles". Não importa mais. Falo com outres, me agencio em bando, com extranhos). Escrevemos para nós mesmas.

Escrevo para registrar o que os outros apagam quando falo, para reescrever as histórias mal escritas sobre mim, sobre você. Glória Anzaldúa, esplêndida e adorável.

...

Não existe uma escrita feminina, porque, afinal, o que é esse feminino? Mas que tem uma escrita feita por mulheres, isso tem. Mulheres com vaginas, mulheres com pênis. Uma escrita desses corpos moldados no horror de sujeição a um modelo e uma escrita desses corpos moldados no horror de não serem nem considerados humanos o suficiente para serem forçados a se encaixar no modelo. Escrever como uma mulher. Inventar mulher que seja corpo que se compõe pelos afetos bons de se juntar em bando, de se afirmar como menas, que aumentam sua força de existir.

•••

Cimarronaje: qualquer forma de resistência ao sistema colonial.

Fugir, escapar, opor-se, criar e viver um quilombo, aquilombar-se.

Vamos fazer *"cimarromaje" intelectual, de práticas sociais e da construção de pensamento próprio de acordo com experiências concretas*. Ochy Curiel propõe para nós, feministas latino-americanas e caribenhas.

Sem universais, experiências concretas, ela disse.

A Amulher não existe, meu senhor. A Amulher foi uma construção muito perversa, na estratégia da colonização, para criar corpos menas. Na definição da branca europeia como a Amulher, universalizou-se uma parcela ínfima da população do mundo, abandonando-se toda a sua diversidade e movimento, e assim foram criados corpos selvagens, corpos disformes, impróprios e cheios de culpas de não alcançar o modelo. Corpos que não gostam do que veem quando se olham no espelho. Corpos não-belos, não-inteligentes, não-capazes em tudo, menas. Corpos assujeitados a não se amar.

Como cimarronajear-se? Cimarronajear-se a si mesma, escapar daquilo que não sou eu. Quem sou eu? *Pensamento próprio de acordo com experiências concretas*, ela disse. Cimarronajear meu sexo, minhas orelhas, no meio dos dedos dos pés, todos os lábios, os sovacos, as têmporas, as cutículas, entre as tetas, as gengivas, embaixo da língua, o cu, os cus, cada neurônio, poderiam se conectar em sinapses inimagináveis? E as minhas partes cortadas? Poderiam ser outras, como eu?

Fugir de si, esse si não é meu. Na velocidade, no movimento, me perder de mim, uim, uim, im, im.... eu sou a colonizadora, como fugir disso? Como fugir de mim? Quem nunca colonizou, que atire a primeira pedra. Adultas contra crianças, brancas contra negras, ricas contra pobres, educadoras formatadoras, pessoas cis contra outres, a gente contra os bichos, os bichos na gente, os bichos, bichos mesmo. O homem é um animal racional au, au, au. Lata. Gunha, ruja, peide. Fale sem a boca. Vamos cortar a tampa da sua cabeça. Agora pense: quem sou eu?

Ser outra daquilo que foi feito de mim. E *não basta não ser racista, é preciso ser antirracista,* Angela Davis, assim como não basta cimarronajear-se, é necessário não colonizar a outrem.

Trata-se, então, de uma dupla desindividuação: não mais escrever modelada, usando as fôrmas e não escrever para modelar, fabricando fôrmas para encaixar. Duplo movimento, de dança, dança no pensamento, movimento deambulatório, imprevisível, na criação de mundos, possíveis outridades de si, outrar-se por palavras, para inventar o inexistível. (Detesto ficar inventando palavras, há tempos me enamorei de uma convicção de que a gente cria é na sintaxe, fluxo, movimento, e não na invenção de novos vocábulos, mas isso é bobagem, há palavras que nos obrigam a falá-las porque é isso que se quer dizer).

...

E por fim
Eu vou me despersonalizar
não vou ter medo do ridículo
não me importo, não sou eu
vou mudar de nome

várias vezes
até perder o nome, por completo, depois de muita confusão
não ser achada
não ter mais rancor de nada, nada
nada me pertence
um chinelo, uma bota e uma sandália
duas calças, quatro camisetas, um pulôver, um casaco, um biquíni, duas toalhas, dois pares de meia, três calcinhas, dois sutiãs, dois vestidos, uma saia, duas bermudas, dois pares de brincos, três colares
uma mochila de 75 litros
tenho que esquecer as coisas que me machucaram
a ponto de poder dizer que não me pertencem
posso também, aos poucos, ir me deslembrando das coisas boas
eu vou me despersonalizar
andar muito na praia deserta
me cansar e dormir, comer e dormir
até o dia de morrer, bem leve.

REFERÊNCIAS

ANZALDÚA, Gloria. Falando em línguas: uma carta para mulheres escritoras do terceiro mundo. *Revista Estudos Feministas*, Florianópolis, v. 8, n. 1, p. 229-236, jan. 2000.

BENJAMIN, Walter. *A obra de arte na era de sua reprodutibilidade técnica*. Apresentação, tradução e notas de Francisco De Ambrosis Pinheiro Machado. Porto Alegre: Zouk, 2014.

BERTUCCI, Patrícia Morales. *Intervenção Urbana, São Paulo (1978-1982)*: o espaço da cidade e os coletivos de arte independente Viajou sem Passaporte e 3Nós3. Dissertação (Mestrado) – ECA, USP, São Paulo, 2015.

BEY, Hakim. *TAZ*: zona autônoma temporária. Tradução de Renato Rezende. 2. ed. São Paulo: Conrad Editora do Brasil, 2004.

BUTLER, Judith. *Corpos em aliança e política das ruas*: notas para uma teoria performativa de assembleia. Rio de Janeiro: Civilização Brasileira, 2018.

CERTEAU, Michel. *A invenção do cotidiano*. Artes de fazer. Apresentação de Luce Giard. Tradução de Ephraim Ferreira Alves. 3. ed. Petrópolis: Vozes, 1998.

CURIEL, Ochy. *Descolonizando el feminismo*: una perspectiva desde America Latina y el Caribe. In: COLOQUIO LATINOAMERICANO SOBRE PRAXIS Y PENSAMIENTO FEMINISTA, 1., 2009, Buenos Aires.

DAVIS, Angela. *Mulheres, raça e classe*. Tradução de Heci Regina Candani. São Paulo: Boitempo, 2016.

DELEUZE, Gilles. *Crítica e Clínica*. Tradução de Peter Pál Pelbart. São Paulo: Ed. 34, 1997.

_____. Ideia e afeto em Spinoza. Cours Vincennes. 24/01/1978 https://pt.scribd.com/document/169848313/Deleuze-Spinoza-Aula-ideia-e-afeto-24-01-1978. Acesso em: 22 mar. 2019.

_____. *Conversações, 1972-1990*. Tradução de Peter Pál Pelbart. Rio de Janeiro: Ed. 34, 1992.

_____. *L'Abécédaire de Gilles Deleuze (avec Claire Parnet) 1998-1999*. Produção: Pierre-André Boutang, França, 1999.

_____. *Espinosa*: Filosofia prática. São Paulo: Escuta, 2002.

_____. *Proust e os signos*. Tradução de Antonio Carlos Piquet e Roberto Machado. 2. ed. Rio de Janeiro: Forense Universitária, 2003.

_____. *Diferença e repetição*. Tradução de Roberto Machado e Luis B. L. Orlandi. São Paulo: Graal, 2006a.

_____. *A Ilha Deserta e outros textos*. Edição preparada por David Lapoujade. Organização da edição brasileira e revisão técnica Luiz B. L. Orlandi. São Paulo: Iluminuras, 2006b.

DELEUZE, Gilles; GUATTARI, Félix. *Kafka, por uma literatura menor*. Tradução de Júlio Castañon Guimarães. Rio de Janeiro: Imago, 1977.

_____. *Mil Platôs*: capitalismo e esquizofrenia, v. 1. Tradução de Aurélio Guerra Neto e Célia Pinto Costa. São Paulo: Ed. 34, 1995.

_____. *Mil Platôs*: capitalismo e esquizofrenia, v. 4. Tradução de Suely Rolnik São Paulo: Ed. 34, 1997a.

_____. *Mil Platôs*: capitalismo e esquizofrenia, v. 5. Tradução de Peter Pál Pelbart e Janice Caiafa. São Paulo: Ed. 34, 1997b.

_____. *O Anti-Édipo*: Capitalismo e Esquizofrenia. Tradução de Luiz B. L. Orlandi. São Paulo: Ed. 34, 2010.

DIAS, Sousa. *A Lógica do acontecimento*. Introdução à filosofia de Deleuze. Lisboa: Documenta, 2012.

EVARISTO, Conceição. Entrevista na TV Brasil. Disponível em: https://tvbrasil.ebc.com.br/estacao-plural/2017/06/nao-escrevemos-para-adormecer-os-da-casa-grande-pelo-contrario-diz-conceicao. Acesso em: jan. 2021.

FOUCAULT, Michel. *Segurança, território, população*. Tradução de Eduardo Brandão. São Paulo: Martins Fontes, 2008.

_____. *Vigiar e Punir*: Nascimento da Prisão. Tradução de Raquel Ramalhete. 37. ed. Petrópolis: Vozes, 2009.

_____. *Em defesa da sociedade*. Tradução de Maria Ermantina Galvão. São Paulo: Martins Fontes, 1999.

_____. O Sujeito e o Poder. In: DREYFUS, H.; RABINOV, P. *Michel Foucault*: uma trajetória filosófica. Para além do estruturalismo e da hermenêutica. Tradução de Vera Porto Carrero. Rio de Janeiro: Forense Universitária, 1995.

GUATTARI, Félix. *Revolução Molecular*: pulsações políticas do desejo. Tradução de Suely Rolnik. 2. ed. São Paulo: Ed. Brasiliense, 1985.

JACQUES, Berenstein Paola (Org.) *Apologia da deriva, escritos situacionistas sobre a cidade*. Rio de Janeiro: Casa da Palavra, 2003.

LAPOUJADE, David. *Do campo transcendental ao nomadismo operário* – William James Gilles Deleuze: uma vida filosófica. Coordenação de tradução de Ana Lúcia de Oliveira. São Paulo: Ed. 34, 2000.

LAZZARATO, Maurizio. *As revoluções do capitalismo*. Tradução de Leonora Corsini. Rio de Janeiro: Civilização Brasileira, 2006.

MOMBAÇA, Jota. *Pode um cu mestiço falar?* 2015. Disponível em: https://medium.com/@jotamombaca/pode-um-cu-mestico-falar-e915ed9c61ee. Acesso em: jan. 2021.

_____. O mundo é meu trauma. *Piseagrama*, Belo Horizonte, n. 11, p. 20-25, 2017.

RAGO, Margareth. *A aventura de contar-se*. Feminismos, escrita de si e invenções da subjetividade. 2. reimpr. Campinas: Ed. da Unicamp, 2018.

RANCIÈRE, Jacques. *O Mestre Ignorante, cinco lições sobre a emancipação intelectual*. Tradução de Lílian do Valle. Belo Horizonte: Autêntica, 2002.

SILVA, Jailson de Sousa e. *Só existe cidade quando todos experimentam a Urbe e Polis*. http://imja.org.br/pt-br/2018/11/30/artigo-so-existe-cidade-quando-todos-experimentam-a-urbe-e-polis/. Acesso em: jan. 2021.

SOUZA, Flávio de. *Que história é essa?* Novas histórias e adivinhações com personagens de contos antigos. Ilustração Pepe Casals. 6. reimpr. São Paulo: Companhia das letrinhas, 1995. 1999.

SPINOZA, Bento. *Ética*. Tradução de Tomaz Tadeu. 2. ed. Belo Horizonte: Autêntica, 2011.

STEPHENSON, Neal. *Nevasca*. Tradução de Fábio Fernandes. São Paulo: Aleph, 2008.

TÓTORA, Silvana. Democracia e sociedade de controle. *Verve. Revista do NU-SOL*, São Paulo, PUC, n. 10, p. 237-261, 2006.

ZOURABICHVILI, François. *Deleuze*: uma filosofia do acontecimento. Tradução de Luiz B. L. Orlandi. São Paulo: Ed. 34, 2016.

Este livro foi composto em tipografia Minion Pro e impresso no papel Pólen 80g/m² (miolo) e papel Cartão Supremo 250 g/m² (capa), inverno de dois mil e vinte um.